닥치고 안전!
위험은 늘 우리 곁에 있다

신현주

프롤로그

오직 안전을 위한 30년 현장의 외침

산업안전이라는 길을 걷기 시작한 지 벌써 30년이 흘렀다. 그 오랜 시간 동안 수많은 현장을 다니며 죽음의 문턱을 넘나드는 아찔한 순간도 있었고, 가슴이 먹먹해지는 안타까운 사고들을 마주하기도 했다. 때로는 차마 눈 뜨고 볼 수 없는 참혹한 사고 현장에서 말문이 막히기도 했고, 인간의 생명이 얼마나 소중한지를 매번 절감하며 살아왔다.

안전관리 업무를 처음 시작했을 때만 해도 젊음의 패기 하나로, 산업재해를 조금이라도 줄여보겠다는 막연한 사명감과 열정이 있었지만, 그 길은 생각보다 훨씬 험난했다.

하지만 30여 년의 시간이 흐르는 동안 우리 사회는 많은 변화를 겪었다. 세월호 참사, 이태원 참사 등 여러 대형 재난 사고가 사회적 충격을 주었고, 그 여파로 제도와 법은 점차 강화되었다. 기업들 역시 산업재해의 증가로 안전의 중요성을 인식하기 시작했다. 이제는 안전이 선택이 아닌 필수라는 분위기가 사회 전반에 자리 잡아가고 있다. 이러한 변화의 흐름 속에서, 저자의 경험과 지식이 산업현장의 사고를 줄이는 데 조금이나마 도움이 되길 바라는 마음으로 이 책을 쓰게 되었다.

이 책은 저자가 산업현장에서 겪은 많은 경험과, 오랜 시간 동안 쌓아온 지식을 담았다. 결코 거창하거나 이론적인 내용은 아니다. 그러나 실제로 일어났던 사건들과 그것을 통해 깨달은 교훈, 그리고 재난과 재해를 미리 예방하기 위한 작은 생각들이 누군가에게는 분명 도움이 될 수 있을 것이라 믿는다.

얼마 전 발생한 이태원 참사와 같은 대형 사고는 우리 모두에게 큰 충격을 주었다. 저자는 그 참사를 계기로 다시금 질문하게 되었다. 우리는 지금, 과연 얼마나 안전한가? 그리고 또다시 그런 일이 반복되지 않기 위해 우리는 무엇을 준비하고 있는가? 이 책이 그런 질문에 대한 작은 답이 되기를 바란다. 그리고 누군가에게는 경각심을 일깨우는 계기가 되기를, 또 누군가에게는 조금이라도 도움이 되기를 간절히 소망한다.

끝으로, 이 책이 세상에 나올 수 있도록 따뜻한 격려와 아낌없는 도움을 주신 모든 분께 진심 어린 감사의 마음을 전하고 싶다. 이 책은 결코 저자 혼자만의 힘으로 완성된 것이 아니다. 많은 분의 도움과 손길이 있었기에, 오늘, 이 이야기가 누군가에게 닿을 수 있게 되었다.

2025. 07
신현주

차례

프롤로그 · 2

1부. 그날, 멈췄다면
- 위험은 생각보다 가까이 있다

삶과 죽음을 결정한 30초 · 10
생각하는 순간, 안전이 시작된다 · 18
시민의식은 선진국, 안전의식은 후진국? · 26
35초의 기적 · 39
에펠탑 효과와 안전 · 53
고전 속에 담긴 안전의 통찰 · 61

2부. 안전하지 않은 사회
- 우리는 왜 늘 준비되지 않았는가

위급상황에 작동하지 않는 재난안전통신망? · 72
비극으로 얼룩진 축제, 다중밀집사고 · 83
속도에 중독된 사회가 놓친 것 · 98
에스컬레이터, 이제 멈춰야 할 발걸음 · 104
나의 생명을 위협하는 스마트폰 · 118
학교 안전교육, 이대로 괜찮은가? · 128

3부. 인간의 마음 안에 숨어 있는 위험
– 심리를 알면 안전이 보인다

집단 속에서는 왜 판단이 흐려질까 • 140
안전은 인간 본성과의 끊임없는 싸움이다 • 147
누군가가 보고 있을 때 우리는 더 조심한다 • 153
안전성이 위험을 높인다 • 158
리스크를 감수하는 인간, 그 심리의 이면 • 164

4부. 이제는 행동할 시간
– 바꿀 수 있다면 지금부터

아는 만큼 보인다, 안전도 마찬가지다 • 170
사고에 감성은 통하지 않는다 • 177
화재경보기가 울리는데 왜 가만히 있나요 • 181
산업현장에는 아직도 매일 100명의 장애인이 발생 • 189
영국은 어떻게 '안전한 나라'가 되었을까 • 195
기업살인법, 책임을 묻는 법의 힘 • 210

에필로그 • 218
참고문헌 • 221

그날, 멈췄다면
- 위험은 생각보다 가까이 있다

삶과 죽음을 결정한 30초

　이 이야기는 내가 직접 체험한 경험이다. 그 사고는 나에게 큰 시련이었고 트라우마를 남기기까지 했다. 그 기억은 지금도 생생하게 남아 있다.

　당시 나는 기업들을 방문하여 안전점검을 하고, 사고를 예방하기 위한 컨설팅 업무를 맡고 있었다. 그날도 ○○공단에 위치한 ○○페인트 공장을 방문해, 동료와 함께 안전점검을 진행했다. 점검 대상이었던 페인트 공장은 3층 규모로, 100평 남짓한 작은 공장이었다. 페인트 제조 공장의 작업 특성상, 2층에서 원료들을 배합기에 투입하고, 1층에서 배합된 페인트를 20리터 또는 200리터 페인트 통에 담는 작업이 이루어졌다. 완제품을 파렛트에 쌓으면 지게차로 운반해 저장창고나 야적장으로 옮기는 작업이 진행 중이었다.

　이 공장은 1990년대에 건축되어 화재에 대비한 구조나 시설이 취약한 상태였다. 1층 점검을 마친 후, 2층으로 올라갔다. 그런데 2층으로 올라가는 계단은 단 하나뿐이었다. 계단을 오르며 "만약 화재가 발생하면 대피할 수 있는 통로가 전혀 없을 텐데, 어떻게 대피하지?"라는 생각이 불안하게 머리를 스쳤다. 2층에는 기술 개발 및 실험실이 있었고, 3층에는 간이 형식의 생산 사무실이 있었다. 그곳에는 직원 4명이 근무 중이었다. 2층 점검을 마친 후, 3층에 있는 생산 사무실에 들어갔다.

   3층 생산 사무실에서 회사 담당자와 잠깐 이야기를 나누고 있을 때, 갑자기 한 직원이 "불이야!" 하고 소리를 질렀다. 순간, 사무실 유리창 너머로 밖을 바라보니, 불이 순식간에 2층까지 번지고 있었다. 사무실에 있던 모든 사람이 곧장 뛰기 시작했다. 나와 동행했던 동료도 급히 따라 뛰었다. 가방이나 서류를 챙길 시간도 없이 정신 없이 뛰었다. 페인트 화재가 빠르게 확산된다는 사실을 알고는 있었지만, 이렇게 무서울 정도로 순식간에 번질 줄은 몰랐다. 2층에서 3층으로 올라가면서 시계를 봤는데, 그 시간으로부터 불과 2~3분 정도밖에 지나지 않았다.

   페인트 공장 직원들과 함께 대피를 위해 뛰었는데, 우리가 올라왔던 통로는 이미 불길에 막혀 내려갈 수 없는 상황이었다. 다행히 3층에서 1층까지 직선으로 내려갈 수 있는 비상계단이 있었다. 만약 그 계단이 없었다면, 아마도 나는 이 세상 사람이 아니었을 것이다.

   위기 상황에서 초능력을 발휘한다고 했던가? 3층에서 1층까지 내려가는 데 10초도 채 걸리지 않았던 것 같다. 심장이 쿵쾅거리고,

다리는 후들후들 떨렸지만, 무사히 내려왔다.

그렇게 내려와서 앞만 보고 뛰다 20미터쯤 지나서 뒤를 돌아봤다. 내가 있던 3층 생산 사무실은 투명한 통유리로 되어 있었는데, 벌써 검은 연기로 가득 차 있었다. 화재가 발생하면 불에 타기 전에 질식으로 사망한다는 사실을 그때 실감했다. 불은 순식간에 공장 전체로 번지고 있었다.

〈화재 장면〉

그런데 화재가 발생한 페인트 공장 바로 옆, 10여 미터 거리에 거대한 질소 저장탱크가 있었다. 순간, "저 저장탱크가 터지면 그 피해가 얼마나 클까?"라는 생각이 들었다. 다행히 소방차들이 속속 도착하기 시작했다. 하지만 페인트 공장의 불길이 너무 강해 소방관들도 직접 진압에 나서는 것은 무리였다. 대신, 소방관들은 화재가 발생한 공장 옆에 있는 질소 저장탱크가 폭발하지 않도록 계속해서 소방호스로 물을 뿌렸다. 그때부터 약 2~3시간 동안, 나는 공장 한 동이 타는 모습을 멍하니 지켜볼 수밖에 없었다. 소방관들도 유류화재라 진화가 어려운 상황을 인식하고, 불이 다른 곳으로 확산되지 않도록 하는 데 집중하는 모습이었다.

어느 정도 시간이 지난 후, 인원 체크가 시작되었다. 그런데 한 명이 부족하였다. 사라진 사람은 그 회사 직원이 아닌, 기술 협력차 방문한 다른 회사의 직원이었다. 그 직원은 화재가 발생한 2층 사무실에 있었는데, 화재 직후부터 보이지 않았다. 화재 당시, 2층에서 근무하던 직원들은 유리창을 깨고 뛰어내려서 다행히 큰 인명 피해는 없었다.

화재가 발생한 건물의 담벼락과 인접한 골목 도로에는 많은 차량이 주차되어 있었다. 당시에도 주차 공간이 부족해 공장 담벼락을 따라 차량들이 빼곡히 들어서 있었으며, 행방불명된 다른 회사 직원의 차량도 그 담벼락에 주차되어 있었다.

화재가 발생하자, 공장 담벼락에 주차된 차량들은 모두 안전한 곳으로 이동하였다. 하지만 기술 협력 차 방문한 다른 회사 직원의 차는 담벼락 골목길에 그대로 남아 있었다. 불이 난 페인트 공장의 불꽃들이 떨어져 차량이 불에 탈 위험이 있었기에, 그 차는 강제로 견인되어 안전한 곳으로 이동하였다.

몇 시간이 흐르고 화재가 진화된 뒤 기술 협력차 방문한 다른 회사 직원을 찾기 시작했다. 휴대폰으로 전화를 걸어보고, 회사와 집에도 연락을 해보았지만, 어디에서도 연락이 닿지 않았다.

기술 협력을 위해 방문한 다른 회사 직원은 2층 생산 사무실에 있었다고 생존자들이 증언했다. 불길은 삽시간에 건물 전체로 번졌고, 계단이 하나뿐인 구조 탓에 그는 탈출하지 못한 것으로 추정됐다. 하루가 지나도록 그의 행방은 오리무중이었고, 결국 화재 현장에서 시신이라도 찾기 위해 수색 작업이 시작됐다. 그러나 아무리 찾아도 흔적은 없었다. 경찰견까지 투입된 끝에, 겨우 그의 것으로 추정되는 뼈를 찾아낼 수 있었다. 그 끔찍한 화마 속에서 시신 일부라도 수습할 수 있었던 것은, 사실상 기적에 가까운 일이었다.

〈외상 후 스트레스 장애〉

그 사건 이후, 나에게 정신적 문제가 발생했다. 바로 외상 후 스트레스 장애(Post-traumatic 5stress disorder, PTSD)가 생긴 것이다. 외상 후 스트레스 장애는 전쟁, 고문, 자연재해, 사고 등과 같은 심각한 사건을 경험한 후, 그 사건에 대한 지속적인 공포감을 느끼고, 사건을 재경험하는 꿈이나 유사한 상황을 통해 고통을 겪게 되는 질환이다. 이로 인해 사람은 그 고통에서 벗어나기 위해 많은 에너지를 소모하게 되며, 정상적인 사회생활에 부정적인 영향을 미친다. 결국, PTSD는 일종의 정신적 질환이라고 할 수 있다.

그 화재 사고 이후, 나는 다시 일상으로 돌아가 기업의 안전 점검을 위해 공장 등 산업현장을 찾아다녔다. 그러나 막상 공장 안으로 들어서려 할 때면, 발이 떨어지지 않았다. 내부로 들어가도 사람들이 뛰거나 하면 나도 모르게 같이 뛰게 되고, 기계나 설비에서 불규칙한 소리가 들리면 등줄기를 타고 식은땀이 흘렀다. 다리는 굳어 움직이지 않았고, 현장의 위험 요소를 꼼꼼히 살펴야 한다는 책임감에도 불구하고, 공장 안으로 들어가는 일 자체가 두려움이 되었다. 결국 입구에서 망설이다가 회사 관계자의 오해를 사는 일도 있었다. 또한, 그 사고 이후로는 어디를 가든 비상구나 다른 출입구를 먼저 확인하는 습관이 생겼다.

그런 경험을 해보지 않았다면, 당시의 상황과 그때의 심정을 온전히 이해하기는 어려울 것이다. 정신적인 고통은 말로 다 할 수 없을 정도로 극심해서, 잠을 자다가도 갑자기 깨어나거나 식은땀에 흠뻑 젖는 일이 반복되었다.

정신과 치료도 받았지만, 외상 후 스트레스 장애는 쉽게 극복되지 않았다. 견디기 힘든 나날들이 계속되었고, 여러 번 회사를 그만두고 싶다는 생각도 들었다. 그러나 직장을 그만둔다는 것도 결코 쉬운 결정이 아니었다. 시간이 흘러 4~5년 정도 지나면서 조금씩 안정을 되찾기 시작했다. 오랜 시간이 지났지만, 그때만 생각하면 여전히 가슴 아프고 많은 책임감을 느낀다. 그 당시, 더 철저히 안전관리에 신경을 쓰고 꼼꼼히 점검했더라면, 이 화재를 예방할 수 있지 않앉을까 하는 아쉬움이 남는다. 화재 원인을 조사한 결과, 정확한 원인은 찾지 못했지만, 페인트 배합기에서 배합 과정 중 발생한 정전기로 인한 스파크가 원인일 수도 있다고 추정했던 것으로 기억한다.

그 화재 사고 이후, 몇 년 동안 그 공장을 지나갈 일이 생기면 늘 그 앞을 피해 먼 길을 돌아갔다. 시간이 흐르고, 외상 후 스트레스 장애가 조금씩 나아지면서 다른 생각을 하다가 우연히 그 공장 앞을 지나가게 되었다. 그런데 그곳에는 신축 페인트 공장이 들어서 있었다. 한동안 그 자리를 떠나지 못한 채 잠시 멈췄고, 용기를 내어 그 공장 안으로 들어갔다.

마침 그때, 과거에 안전 업무를 담당하던 부장님이 나를 반갑게 맞아주었다. 나를 보자 두 손을 꼭 잡고는, 그동안 어떻게 지냈느냐며 따뜻하게 안부를 물었다. 부장님 역시 그 화재로 큰 정신적 충격을 받아 회사를 그만둘 생각까지 했지만, 회사에서 "힘들더라도 함께 극복해 보자"며 간곡히 붙잡는 바람에 지금까지 근무하고 있다는 이야기를 들려주었다. 그 순간, 눈가에 뜨거운 눈물이 맺혔다.

부장님의 안내로 신축 공장의 내부 구조를 살펴보니, 이제는 층마다 여러 개의 대피 출입문이 설치되어 있었고, 소방시설도 한층 강화되어 완벽에 가까운 수준으로 갖춰져 있었다. 그 모습을 보는 순간, "그때에도 이런 대피 구조와 소방설비를 갖추고 있었다면, 소중한 생명을 잃지 않았을 텐데…" 하는 깊은 아쉬움이 밀려왔다. 특히, 유기용제처럼 화재에 취약한 물질을 다루는 공장에서는 단 한 번의 화재가 모든 것을 앗아갈 수 있기 때문에, 무엇보다도 안전이 최우선이라는 사실을 다시금 절실히 느꼈다.

사람의 소중한 생명은 한 번 잃고 나면, 아무리 후회해도 되돌릴 수 없다. 그렇기에 사고가 발생하기 전에 미리 예방하고 철저히 관리하는 것이 무엇보다 중요하다. 이것이 바로 안전관리의 필요성이다.

모든 사람은 안전하게 살아갈 권리가 있으며, 누구나 안심하고 일할 수 있는 사회를 만들어야 한다. 우리는 매일 아침, 가족의 환한 미소를 안고 출근하고, 저녁이면 사랑하는 이들이 기다리는 집으로 무사히 돌아가야 한다.

"오늘이 마지막 출근이 될 수도 있다"는 불안한 마음이 들지 않도록, 국가와 기업, 그리고 우리 모두가 함께 힘을 모아야 한다.

"안전은 선택이 아니라 일상이 되어야 한다."

생각하는 순간, 안전이 시작된다

우리가 일상생활이나 산업현장에서 어떤 행동을 취하기 전에 단 한 번만이라도 "이 행동이 안전한가?"라고 생각해 본다면, 안전불감증이나 '설마 괜찮겠지' 하는 안일한 태도에서 비롯된 사고를 충분히 예방할 수 있다.

이처럼 사고는 적절한 관리와 조치로 예방할 수 있다는 이론을 안전관리에서는 "예방 가능의 원칙"이라 부른다. 즉, 모든 사고는 사전에 충분히 예방이 가능하다는 것이다.

로마자 알파벳의 순서를 살펴보면, S와 U 사이에는 T가 있다.

ABCDEFGHI
JKLMNOPQR
STUVWXYZ

〈알파벳 순서〉

… R - S - T - U - V …

S(Safety)와 U(Unsafety) 사이에 알파벳 T, 과연 무엇을 의미할까?

나는 이것을 "T = Think", 즉 '생각'이라고 정의한다.

안전(Safety)과 불안전(Unsafety)의 갈림길에서 우리가 어떻게 생각하고 판단하느냐에 따라, 그 결과는 전혀 다른 방향으로 흘러갈 수 있기 때문이다.

우리는 일상에서 "생각 좀 하고 살아라", "왜 그렇게 생각이 없어?"라는 말을 하며, 생각의 중요성을 강조하곤 한다. 이처럼 생각이란, 어떤 상황에 대해 스스로 판단하고, 의지를 가지고 행동하는 것을 의미한다. 일상적인 생활에서 "생각"은 단순한 사고 활동이 아니라, 모든 행동과 결과의 출발점이다. 특히 안전이라는 관점에서 생각은 더욱 중요해진다.

안전과 불안전은 언제나 종이 한 장 차이다. 한순간의 방심, 즉 "생각하지 않은 상태"에서 사고는 발생한다. 반대로 말하면, 우리가 "생각하는 순간", 즉 주의를 기울이고 상황을 판단하는 바로 그 순간이 안전을 만들어내는 출발점이 된다는 뜻이다. 안전은 결코 우연히 찾아오는 것이 아니다. 오로지 "생각"이라는 선택을 통해 만들어진다.

생각은 행동을 낳고, 행동은 습관을 만든다. 처음에는 단순한 의식이었던 행동이 반복되면 습관이 되고, 그 습관이 우리의 생활 방식이 된다. 예를 들어, 산업현장에서 작업 전 보호구를 착용하는 습관, 위험한 기계를 사용하기 전 방호장치를 작동하는 습관, 길을 걸을 때 스마트폰을 보지 않는 습관은 모두 작은 "생각"에서 시작되었지만, 그것이 반복되면 '사고를 예방하는 삶'으로 이어진다. 반대로, 생각 없이 반복되는 불안전한 습관은 결국 사고로 이어지기 마련이다.

결국 안전은 생각에서 시작해 결과로 마무리된다. 우리가 어떤 상황에서 어떻게 생각하고 판단하느냐에 따라 안전한지, 불안전한지가 결정된다. 그래서 "생각하는 습관"은 단순한 지적 활동이 아니라, 나와 타인의 생명을 지키는 가장 기본적인 실천이 된다.

이제 우리는 더 이상 "안전"을 남의 일처럼 생각해서는 안 된다. 사고는 언제든지, 누구에게든지 찾아올 수 있으며, 그것을 막을 수 있는 유일한 방법은 늘 깨어 있는 생각, 그리고 그에 따른 행동과 습관이다.

"생각은 행동을, 행동은 습관을, 습관은 결과를 만든다."

이 단순한 진리가 우리 삶의 곳곳에 녹아들 때, 우리는 비로소 진정한 의미의 안전한 삶을 살아갈 수 있다.

우리가 생각이라는 단어를 들으면 떠오르는 인물 중 하나가 바로 르네 데카르트(René Descartes, 1596~1650)이다.

프랑스의 철학자이자 수학자인 그는 그의 저서 『방법서설』에서 "나는 생각한다, 고로 존재한다(Cogito, ergo sum)"라는 명제로 전 세계에 깊은 인상을 남겼다.

데카르트는 기존의 신 중심적 사고에서 벗어나, 모든 것을 의심하고 관찰하는 것이 참된 지식에 이르는 길이라 생각했다. 그는 감각조차 믿지 않았고, 자신이 존재한다는 사실마저 의심했다.

하지만 바로 그 지점에서, 그는 한 가지 의심할 수 없는 진리에 도달한다. "나는 모든 것을 의심하고 있다. 이 의심하고 있다는 사실 자체는 의심할 수 없다. 그러므로 나는 생각하고 있다. 그리고 이 생각이 바로 내가 존재하고 있다는 가장 확실한 증거다." 이 말은 단순히 철학적인 선언을 넘어서, 생각하는 인간으로서 우리가 어떤 존재인지, 어떤 선택을 해야 하는지를 되돌아보게 한다.

〈르네 데카르트〉

데카르트의 철학을 오늘날의 현대 산업사회, 그리고 안전의 관점에서 본다면, "사람은 생각을 통해 진실을 발견하고, 옳은 결정을 할 수 있다"는 의미로 확장해 볼 수 있다. 우리가 어떤 행동을 하기 전에 먼저 생각을 한다면, 그 생각은 더 합리적이고 객관적인 판단과 행동으로 이어지게 된다. 그리고 그 행동은 결국 결과를 만들어 낸다.

즉, 우리가 마주하게 되는 모든 결과의 시작은 생각에서 비롯된다는 뜻이다. 어떤 생각을 하느냐가, 어떤 결과를 만들어낼지를 결정짓는 출발점이 되는 것이다. 특히 안전의 영역에서 이는 매우 중요한 원칙이 된다. 우리가 어떤 행위를 하기 전에 안전에 대해 생각하지 않는다면, 우리는 무의식중에 불안전한 행동을 하게 되고, 그 불안전 행동이 반복되면 결국 사고로 이어질 수밖에 없다. 결국, 사고란 "어쩌다" 생기는 것이 아니라, 생각 없는 반복이 만들어낸 필연일지도 모른다.

"나는 생각한다. 그러므로 나는 안전할 수 있다."

저자가 생각하는 안전이란 단순히 특정 상황에서만 요구되는 개념이 아니라, 수많은 위험요소가 상존하는 현대 산업사회에서 "일상 속 기본값"으로 자리 잡아야 하는 사고방식이다. 즉, 안전에 대한 생각은 이제 습관처럼 몸에 배어 있어야 한다는 것이다.

예를 들어 여러분이 한적한 도로를 걷고 있다. 사람도 없고 차도 잘 다니지 않는 길이다. 그런데 도로를 건너려고 하니, 횡단보도는 100m쯤 위쪽에 있다. 이럴 때 여러분은 어떻게 하겠는가? 조금 불편하더라도 100m를 올라가 안전하게 횡단보도로 건널 것인가?

〈초등학생 무단횡단〉

아니면, "차도 없는데 뭐 어때"하고 무단횡단을 선택하겠는가?

아마도 많은 사람은 마음속에서 잠깐의 갈등을 겪을 것이다. 조금 귀찮더라도 안전한 길을 선택할지, 빨리 목적지에 도달하고 싶은 심리에 끌릴지를 고민하게 될 것이다. 바로 이 순간이 중요하다. 안전은 큰 원칙보다 작은 선택에서 무너지는 경우가 많기 때문이다.

"오늘은 괜찮겠지", "지금은 차가 없으니까", 이런 생각이 습관이 되면, 결국 그것이 불안전한 행동의 시작이 된다.

여기서 우리가 잠시만 생각해 보자. 만약 여러분이 무단횡단을 하다가 사고를 당해 사망하거나 중상을 입게 된다면, 그 피해는 단순히 한 사람의 문제가 아니다. 상상조차 하기 어려울 정도로 막대하다. 만약 피해자가 한 가정의 가장이라면, 그 가족은 하루아침에 생계를 잃게 될 것이다.

정서적 충격은 말할 것도 없고, 현실적인 경제적 어려움까지 겹치게 된다. 반대로 사고를 유발한 운전자의 입장에서 생각해 보면, 그 역시 평생 지울 수 없는 죄책감과 정신적 고통을 안고 살아가야 할 뿐 아니라, 막대한 경제적 손실과 법적 책임까지 감당해야 한다.

단지 "지금은 괜찮겠지", "차가 없으니까"라고 생각하며 무단횡단을 선택한 그 순간이 얼마나 많은 사람의 삶을 바꿔 놓을 수 있는지, 한 번만 더 생각해 본다면 그 선택은 분명 달라질 수 있을 것이다.

얼마 전, 내가 잘 아는 한 지인이 지병으로 세상을 떠났다. 그 지인의 자녀는 20대 후반으로 내 아들과 친구 사이였다. 내 아들을 비롯한 친구들이 상을 당한 친구를 위로하고자 술자리를 함께했다.

마음이 무거운 밤이었지만, 서로의 곁에서 슬픔을 나누며 늦은 시간까지 자리를 함께했다. 그런데 그날 밤 12시쯤, 한 친구가 잠시 밖에 나갔다 온다고 하고 돌아오지 않았다. 모두들 처음에는 대수롭지 않게 여겼다. 그러나 그는 술자리가 끝날 때까지 돌아오지 않았다.

〈무단횡단 장면〉

다음 날 아침, 믿을 수 없는 소식을 듣게 되었다. 그 친구가 사망했다는 것이다. 밤늦게, 어두운 도로에서 무단횡단을 하다 교통사고를 당한 것이다. 운전자는 어두운 곳에서 그를 미처 발견하지 못했고, 한 젊은 생명은 그렇게, 말 한마디 작별인사도 없이 떠나고 말았다. 이 얼마나 가슴 아프고, 안타까운 일이냐? 그 친구는 어려운 형편 속에서도 대학원까지 다니던 외동아들이었다. 지금 남겨진 부모는, 하늘이 무너지는 고통을 느꼈을 것이다.

사고는 대부분 예기치 못한 순간, 사소한 부주의나 안일한 판단에서 발생한다. 하지만 우리가 어떤 행동을 하기 전 단 한 번만이라도 "이렇게 하는 게 안전한가?"라는 생각을 한다면, 많은 사고를 미리 막을 수 있다. 이러한 "생각하는 습관"은 위험을 인식하고, 예방할 수 있는 기회를 만들어 준다.

생각은 단지 머릿속에 머무는 것이 아니라, 곧 행동으로 이어진다. 우리가 어떤 상황을 어떻게 판단하느냐에 따라 움직임과 태도도 달라지기 때문이다. 예를 들어, 계단을 급히 내려가다가 넘어질 수 있다는 생각을 미리 했다면, 더 조심스럽게 걷게 되고, 이는 곧 안전한 행동으로 연결된다. 즉, 생각은 행동을 만들고, 행동은 습관을, 습관은 안전을 만든다.

또한, 평소에 위기 상황을 대비해 충분히 생각하고 준비해 둔 사람은 실제 위험이 닥쳤을 때 당황하지 않고 침착하게 대응할 수 있다. 반면, 평소 아무런 대비 없이 행동하면 위험의 순간이 발생했을 때 판단력이 저하되어 오히려 상황을 악화시킬 수 있다. 생각은 이처럼 위기 대응 능력을 키우는 핵심 요소이기도 하다.

안전불감증이라는 말은 결국 "생각하지 않는 습관"에서 비롯된다. "설마 그런 일이 나에게 일어나겠어" 하는 무의식적 안일함이 사고로 이어지는 것이다. 따라서 생각하지 않으면 결코 안전할 수 없으며, 사고는 그렇게 우리 일상에서 조용히 찾아온다.

결국 "생각하는 순간이 안전을 만드는 순간"이다. 안전은 우연히 주어지는 것이 아니라, 매 순간의 생각이라는 선택을 통해 만들어지는 것이다. 우리가 지금 할 수 있는 가장 확실한 안전은, 바로 지금 여기서 생각하는 것에서 출발한다.

"생각은 안전의 시작이다."

시민의식은 선진국, 안전의식은 후진국?

1990년대까지만 해도 해외에서 한국인 관광객들이 고성방가를 하거나 줄을 서지 않는 등의 행동으로 인해 부정적인 인식이 많았다. 특히 일본과 비교되며 "일본은 시민의식이 높은데, 한국은 아직 멀었어"라는 이야기도 자주 들려왔다.

그러나 2000년대 이후, 경제 성장과 더불어 교육 수준의 향상, 해외 경험의 증가, 글로벌 문화와의 접촉이 시민의식 개선에 큰 역할을 했다.

특히 인터넷과 SNS의 발달로 외국과의 비교가 쉬워지면서, 공공 예절과 배려에 대한 국내 캠페인과 교육도 활발히 이뤄졌고, 국민들의 인식 역시 점차 바뀌어 갔다. 지금은 외국인들이 놀랄 정도로 시민의식이 높아졌다.

한국의 뛰어난 치안과 시민의식은 일상생활 곳곳에서 확인할 수 있다. 예를 들어, 지하철이나 버스 등 대중교통을 이용할 때 줄을 서는 문화, 그리고 여성 혼자 새벽에 편의점을 들렀다가 안전하게 귀

가하는 모습은 한국에서는 너무나 당연한 일상이지만, 외국인들에 겐 매우 놀랍고 부러운 일로 받아들여지기도 한다.

특히 소지품을 지하철 등 도시철도 전동차 내에 두고 내렸을 경우에도, 대부분은 역무원이나 분실물 보관소를 통해 되찾을 수 있다. 이는 한국을 비롯한 극소수의 국가에서만 가능한 일이다. 분실된 스마트폰의 경우 무려 94%가 주인에게 돌아가며, 가방 등 기타 귀중품도 약 80% 이상의 높은 회수율을 보인다. 이러한 수치는 한국의 시민의식이 세계 최고 수준이라는 평가를 뒷받침해 준다.

무엇보다도 이러한 결과는 단순히 제도나 시스템만으로는 가능하지 않다. 이는 곧 한국인들의 시민의식이 일정 수준 이상으로 성숙해 있음을 보여주는 증거다. 시민 한 사람 한 사람이 타인을 배려하고, 공공의 질서를 지키며, 공동체를 위해 책임 있는 행동을 하기 때문에 가능한 일이다.

반면, 선진국으로 불리는 나라들도 공공장소에 개인 소지품을 잠시라도 방치하면 순식간에 도난당하는 일이 빈번하다. 이런 점에서 볼 때, 한국은 명실상부한 시민의식 선진국으로 자리 잡았다고 할 수 있다.

또 하나 주목할 만한 장면은 구급차가 비상 사이렌을 울리며 도로를 질주할 때다. 이때 한국의 운전자들은 일제히 도로 양쪽으로 차를 비켜 준다. 이른바 현대판 "모세의 기적"을 만들어 낸다. 구급차가 아직 멀리 있을 때부터 스스로 길을 터주는 모습을 보고 많은 외국인이 한국인의 시민의식에 감탄을 금치 못한다. 이는 나의 불편함보다 타인의 생명이 더

〈구급차에 양보하는 운전자들〉

중요하다는 배려, 그리고 언젠가 나에게도 같은 상황이 발생할 수 있다는 공감에서 비롯된 행동이다. 이런 자발적인 참여야말로 높은 시민의식을 보여주는 대표적인 사례다.

하지만 일각에서는 이러한 시민의식이 사실은 전국 곳곳에 설치된 CCTV 때문이라는 주장을 하기도 한다. 정말 그럴까?

어스웹(earthweb.com)의 국가별 CCTV 보유 조사에 따르면 중국 2억 대, 미국 5,000만 대, 영국 500만 대, 일본 500만 대, 베트남은 260만 대인 데 비해 한국은 103만 대로 CCTV 보유량에서 낮은 순위를 기록했다.

인구 1,000명당 CCTV를 가장 많이 보유한 도시는 중국 타이위안으로 117대, 우시 90.5대, 영국 런던은 73.3대, 다음으로 인도

인도르는 64.4대이고 도시별 CCTV 보유 수에서 중국의 창사, 베이징, 항저우, 쿤밍이 상위권을 차지했다. 반면, 서울의 경우 인구 1,000명당 설치된 CCTV는 19.5대이다.

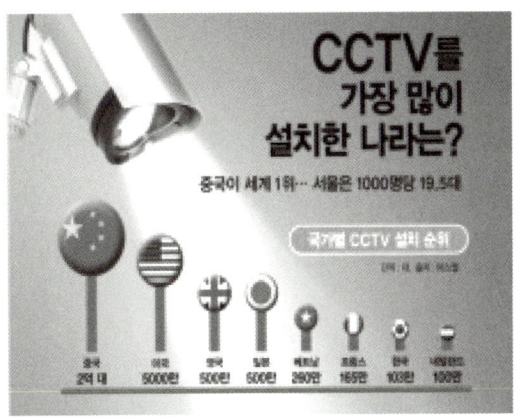

〈국가별 CCTV 설치 순위〉

이 수치를 통해 알 수 있는 사실은 분명하다. CCTV의 설치 대수가 많다고 해서 시민의식이 높은 것은 아니라는 점이다. 실제로 CCTV 설치 수 세계 최상위권에 있는 중국이 시민의식이 가장 높은 나라로 평가받는 것은 아니다. 오히려 한국처럼 비교적 CCTV 설치 수가 적은 도시에서도, 시민 개개인의 자발적인 의식과 행동을 통해 높은 사회 질서를 유지하는 모습을 볼 수 있다. 결국, 높은 시민의식은 감시가 아니라 교육, 문화, 경험, 그리고 개인의 인식 변화에서 비롯되는 것이다.

영국의 보안업체 컴페리테크의 조사에 따르면, 감시용 CCTV의 설치 대수와 범죄 발생률 사이에는 뚜렷한 상관관계가 높지 않은 것으로 나타났다. 감시용 CCTV 설치 밀도와 범죄율 간의 관계를 분석한 결과, 단순히 CCTV가 많이 설치되어 있다고 해서 범죄율이 낮아지는 것은 아니라는 것이다. 물론 감시용 CCTV가 많이 설치되면 범죄율을 낮추는 데 영향을 주지만 절대 기준이 되지 않는다는 얘기이다.

중국 정부는 공공안전을 강화하고 범죄를 예방한다는 명분 아래 CCTV 설치를 대대적으로 확대하고 있다. 그러나 일부 전문가들은 CCTV가 본래의 목적을 넘어, 감시나 통제의 수단으로 악용될 소지가 있다는 점을 우려하고 있다. 실제로 서방의 여러 연구자와 인권단체들은 중국 내 CCTV와 IT 기술이 주민 통제와 감시의 주요 수단으로 활용되고 있다고 지적하고 있다.

이러한 사례는 감시 장비만으로는 시민의식이 뿌리내리기 어렵고, 오히려 자율성과 개인의 자유를 침해할 위험이 있다는 사실을 시사한다. 따라서 진정한 사회 질서와 안전은 기술적 감시보다 시민 개개인의 자발적 책임감과 공동체에 대한 배려에서 비롯되어야 한다.

이렇듯 한국인의 시민의식은 세계 최고 수준이라는 평가를 받고 있다. 그렇다면 한국인의 안전의식은 어떨까? 혹자는 시민의식과 안전의식이 같은 것이 아니냐고 반문할 수 있다. 그러나 이 둘은 분명히 구분되는 개념이다.

시민의식이란 시민사회를 구성하는 개인의 생활 태도나 마음가짐을 의미한다. 즉, 공동체 구성원들은 독립된 인간으로서의 책임을 가지고 행동하는 것을 말한다. 예를 들어 지하철에서 사람들이 줄을 서서 기다릴 때 혼자만 새치기를 할 수 없는 것이며, 대중교통 안에서 큰 소리로 통화하지 않는 것, 사용한 쓰레기를 챙겨가는 것 등은 모두 시민의식에서 비롯된 행동이다. 이는 공동체 내에서 함께 만들어가야 할 문화이며 질서이다.

반면 안전의식은 다소 성격이 다르다. 안전의식은 단순히 "안전에 대한 지식"을 말하는 것이 아니라, 그것을 구체적인 실천과 행동으로 옮길 수 있는지를 평가하는 기준이다. 시민의식이 공동체적인 태도라면, 안전의식은 개인 또는 소규모 팀 단위에서 실천해야 할 의무에 가깝다. 특히 산업현장에서는 이러한 안전의식이 더욱 중요하다.

안전은 법과 제도만으로 확보되지 않는다. 결국 개개인의 자발적인 실천과 인식 변화가 가장 핵심이다. 예를 들어 기계나 설비를 점검하거나 수리, 청소할 때는 반드시 전원 스위치를 차단하고, 해당 스위치에는 '수리 중', '점검 중', '청소 중'과 같은 안전표지를 부착해야 한다. 더불어 시건장치를 사용하여 다른 작업자가 전원을 조작하지 못하도록 하고, 감시자도 배치해야 한다. 이러한 조치는 누가 보든 안 보든 반드시 지켜야 할 최소한의 안전 절차이며, 나와 동료의 생명을 지키는 기본적인 약속이다.

하지만 현실에서는 이러한 안전수칙을 무시하거나 생략하여 안타까운 사고 소식이 아직도 들려오고 있다. 이는 단순한 실수나 부주의라기보다는 안전의식 부족에서 비롯된 문제라고 볼 수 있다. 따라서 한국 사회가 높은 시민의식을 기반으로 세계적인 치안과 질서를 자랑하는 만큼, 이제는 안전의식 또한 그에 걸맞게 수준을 끌어올릴 필요가 있다. 시민의식과 안전의식은 성격은 다르지만, 결국 모두 사람을 중심으로 한 존중과 책임의식에서 출발한다.

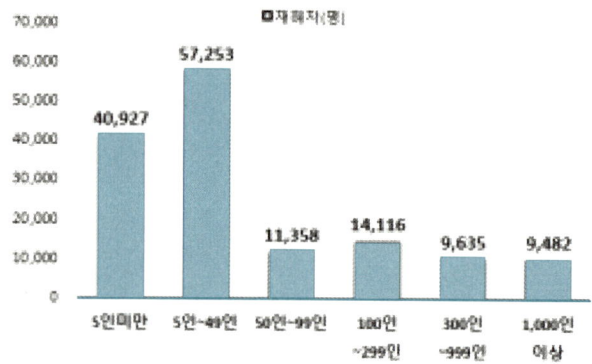

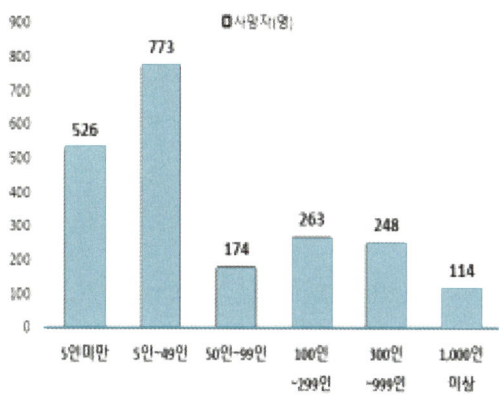

⟨2024년 산업재해현황, 고용노동부⟩

우리나라에서 2024년 한 해 동안 총 142,711건의 산업재해가 발생했다. 이 중 사망한 근로자는 2,098명에 달한다. 같은 해 전체 근로자 수는 21,420,560명이다. 이는 근로자 150명당 1명이 산업재해가 발생하고 10,209명당 1명의 근로자가 사망한다는 의미이다.

게다가, 이 수치에는 산업재해로 공식 처리되지 않고 기업이 자체 비용으로 처리하는 소위 "공상처리" 사례는 포함되어 있지 않다. 이를 감안하면 실제 재해자 수는 공식 통계보다 훨씬 많을 것으로 추정된다.

2022년부터 시행된 중대재해처벌법은 기업과 경영책임자의 안전관리 책임을 강화하고자 도입된 제도이지만, 시행 4년차에 접어든 현재까지도 산업재해는 뚜렷하게 감소하지 않고 있다. 이는 우리나라의 안전 시스템 전반을 근본적으로 재검토해야 할 시점에 와 있음을 의미한다. 산업재해를 줄이기 위해서는 제도나 법 못지않게 근로자 개개인의 안전의식 향상이 필수적이다. 안전의식을 높이기 위한 방안을 몇 가지 제안한다.

체계적이고 실천 중심의 안전교육 강화

안전교육의 부재 또는 형식적인 교육으로 인해 사고가 발생하는 경우가 매우 많다. 실제로 많은 산업재해는 조금만 안전지식이 있었더라면 충분히 예방할 수 있었던 사고들이 많다. 이는 안전을 단지 "지켜야 할 규칙"으로 여기는 것이 아니라, 생활 속에서 습관으로 만들어야 한다는 인식의 부족에서 비롯된다.

안전교육은 성인이 된 이후 현장에서만 이루어져서는 늦다. 유아기부터 체계적인 안전교육을 실시해, 현대 사회에서 안전이 얼마나 중요한 가치인지를 인식시키는 것이 필요하다. 누군가 지켜보고 있을 때만 지키는 안전이 아니라, 자신과 가족, 동료를 스스로 지킬 수 있는 자율적인 안전의식이 내면화되어야 한다.

현재 우리나라의 초·중·고등학교에서도 법적으로 안전교육 시간이 편성되어 있으나, 형식적인 수준에 머무는 경우가 많다. 따라서 단순히 이론 중심의 교육이 아니라, 현장감 있고 실천 가능한 교육이 필요하다. 이를 위해 해당 분야의 전문가를 초빙하고, 실습이나 사례 중심의 교육을 확대하여 학생들이 살아있는 지식과 정보를 배우도록 해야 한다.

'빨리빨리' 문화에서 '안전 우선' 문화로의 전환

문화적인 인식 전환이 필요하다. 우리나라 사람들은 속도와 효율을 중시하는 경향이 있다. 건설현장이나 산업현장에서도 "시간이 곧 돈"이라는 인식이 강하게 작용하며, 일을 빨리 끝내려는 문화가 자리잡고 있다. 그러나 급하게 서두르면 실수를 하기 마련이며, 그 실수는 종종 큰 사고로 이어질 수 있다.

우리나라의 자동차 등록대수(2024년 기준)는 약 2,629만 대로, 성인 인구의 상당수가 자가용을 보유하고 있다. 이 중 약 2,177만 대가 승용차, 66만 대는 승합, 372만 대는 화물차, 14만 대는 특수차량이다.

〈자료 : 통계청〉

이륜차는 220만 대이다. 이륜차는 배달, 퀵 서비스 등 시간에 쫓기는 업무에 사용되는 경우가 많다 보니, 교통법규를 무시하고 운행하는 사례가 빈번하다.

이륜차의 경우 전체 차량의 8% 정도를 차지하지만, 교통사고 사망자 중 20.9%(2024년)가 이륜차 이용자였다. 특히, 이륜차 사고 중 교차로에서 발생하는 사고가 전체의 50% 이상을 차지하는 것도, 결국 서두르고 법규를 무시한 결과이다. 이는 단순한 개인의 문제가 아니라, 사회 전반에 뿌리 깊이 박힌 '빨리빨리' 문화의 산물이라 할 수 있다.

미국의 작가 마크 트웨인은 이렇게 말했다.

"Safety doesn't happen by accident. It's created by effort."

"안전은 우연히 생기는 것이 아니라, 노력을 통해 만들어지는 것이다." 안전은 기다려 주지 않는다. 조금 더 천천히, 조금 더 여유 있게, 그러나 정확하게 일하는 문화의 변화가 진정한 안전의 시작이다.

강력한 법 집행으로 경영진의 안전의식 변화

강력한 법 집행이 필수적이다. 과거 산업안전보건법 하에서도 중대재해가 발생하면 처벌을 받았지만, 대부분의 처벌이 솜방망이 수준에 그쳐 실질적인 변화로 이어지지 않았다. 그러나 2022년 중대재해처벌법이 시행된 이후, 중대재해 발생 시 사업주나 경영책임자에게 1년 이상의 징역형 또는 10억 원 이하의 벌금(병과 가능 : 징역형과 벌금을 동시에 처벌할 수 있음)이 부과되도록 법이 강화되었다.

이처럼 강력한 법 집행만이 해결책이 될 수는 없지만, 산업현장에서 중대재해를 줄이기 위한 중요한 수단으로 작용할 수 있다. 법적 처벌이 강력

〈자료 : 고용노동부〉

히 시행되면, 사업주와 경영진은 사고가 발생하면 자신에게도 직접적인 책임이 돌아올 것이라는 인식을 갖게 된다. 이는 곧 사고를 예방하기 위한 지속적인 노력과 안전 우선주의 문화로 이어지게 된다.

사업주나 경영진은 법적 책임에 의한 처벌을 받지 않기 위해 안전에 대한 투자와 철저한 관리를 하게 될 것이며, 현장에서도 안전 규정을 준수하고 사고를 예방하려는 자발적인 노력이 강화될 것이다. 결국 법이 사업주나 경영진의 의식을 변화시키고, 안전을 최우선으로 생각하는 기업 문화를 형성하는 중요한 기폭제가 될 것이다.

많은 기업이 안전 투자에 소극적인 태도를 보인다. 그 이유는 비용 때문이다. 사업주 입장에서 안전에 들어가는 비용은 즉각적인 수익을 창출하지 않는, 말 그대로 재생산되지 않는 지출로 인식되는 경우가 많다. 즉, 안전관리는 눈에 보이는 이익으로 바로 돌아오지 않기 때문에, 자연스럽게 비용을 줄이려는 대상이 되곤 한다. 물론 사업을 운영하다 보면 전체적인 지출 압박 속에서 안전 관련 예산을

확보하기는 어려울 수 있다. 그러나 안전이 늘 후순위로 밀린다면, 그 기업에는 진정한 안전 문화가 뿌리내릴 수 없다.

근로자의 안전이 보장되지 않는 환경에서 생산성과 품질 향상을 기대할 수 있을지 다시 한번 생각해 볼 필요가 있다. 생산현장에서 일하는 근로자들의 안전이 우선되지 않는다면, 안전 기준을 지키지 않아 다친 근로자들이 만든 제품을 소비자들이 신뢰할 수 있을지 의문이 든다. 이처럼, 안전 문제를 무시한 기업 운영은 장기적으로 기업의 신뢰와 브랜드 가치에 심각한 영향을 미칠 수 있다.

안전은 단순히 비용 절감을 위한 수단이 아니라, 기업의 지속 가능한 성장과 제품 품질 유지, 브랜드 신뢰와도 밀접하게 연결된 중요한 요소임을 인식해야 한다. 결국 기업이 안전에 대한 투자를 아끼지 않고 제대로 관리하는 것이 장기적으로 경쟁력을 확보하는 지름길이라는 점을 명심해야 한다.

"안전의 투자는 생명에 투자하는 것이다."

35초의 기적

영화 "설리: 허드슨강의 기적"은 2016년 9월 미국에서 개봉한 US 에어웨이즈 1549편 불시착 사고를 배경으로 한 실화 영화이다. 우리나라에서도 개봉하였지만 관객은 627,424명에 그쳤다. 하지만 이 영화에서 주는 교훈은 위급상황 시 안전관리 측면에서

〈영화, 설리: 허드슨강의 기적〉

다시 한번 조명해 볼 필요가 있다. 영화 줄거리를 요약하면 다음과 같다.

2009년 1월 15일 체감온도가 영하 10도가 넘는 강추위에 US 에어웨이즈 소속 1549편 여객기가 이륙한 지 약 2분 만에 새 떼가 양쪽 엔진으로 빨려 들어가 엔진 고장이 발생한다. 고도 약 800m에서 첫 번째 엔진이 고장 나고, 고도 900m에서 두 번째 엔진이 고장 난다. 기장은 관제탑에 비상상황을 보고했는데 관제탑에서는 출발한 라과디아 공항으로 돌아오라는 것이었다. 그러나 위기일발의 순간에 기장은 돌아갈 수 없다고 판단하여 과감한 결단으로 뉴욕 허드슨강에 불시착하여 승객과 승무원 155명을 구조한 영화이다.

최근에 우리나라도 무안국제공항에서 새 떼에 의해 버드 스트라이크(bird strike)가 발생하여 비상착륙을 시도하였지만 179명이 사망하는 안타까운 사고가 일어났다.

〈US 에어웨이즈 1549편 엔진에 화재 난 장면〉

사고 후 조사 과정에서 설리 기장은 왜 출발한 라과디아 공항으로 가지 않고 허드슨강에 착륙했는가에 대한 조사를 받던 중 데이터상 좌측 엔진이 최소 추력으로 작동 중이었다는 국가운수안전위원회(NTSB: National Transportation Safety Board) 조사관의 말을 듣고 충격에 빠진다. 이 말은 항공기가 추력을 회복할 수 있었고 충분히 고도, 속도를 회복해 공항으로 회항할 수 있었다는 결론이다.

만일 이것이 사실이라면 설리 기장은 충분히 1549편 여객기와 승객을 안전하게 구할 수 있었음에도 불구하고 섣부른 판단으로 모두를 위험에 빠뜨릴 뻔했다는 결론이 나오고 모든 책임은 설리 기장에게 돌아간다.

자신을 영웅으로 대접하는 언론과 시민들, 자신을 사고의 원인으로 보는 조사관들 사이에서 정말 자신이 옳은 결정을 한 것인지 혼란스러워하며 머릿속에서는 항공기가 뉴욕 도심 한가운데에 추락하는 모습이 계속해서 플래시백(영화나 텔레비전 등에서 장면의 순간적인 전환을 반복하는 수법. 긴장된 분위기나 과거의 회상 장면으로의 전환에 활용)되고 밤에는 악몽을 꾼다.

한편 스카일스 부기장 또한 조사관들의 태도에 어이없어하며 설리 기장과 같은 증상을 보인다. 설리 기장의 선택이 아니었다면 끔찍한 사고가 발생했을 것이라고 반박한다. 스카일스 부기장은 "설리 기장이 빠르게 보조동력장치를 가동했기에 살 수 있었다". "보조동력장치 가동이 비상대처 가이드라인의 무려 15번째 순위에 있었다는 걸 조사관들은 알고 있습니까?" "조사관들의 주장대로 가이드라인대로 했다면 이미 155명 모두 사망하였을 것입니다!"라며 설리가 1549편 여객기(A320 기종)를 얼마나 잘 알고 있었는지를 주장하였다.

그러나 조사관 측에서 주장하는 에어버스(가상 비행 테스트 프로그램)에서 실시한 컴퓨터 시뮬레이션 결과, 첫 회항 결정지였던 라과디아 공항, 두 번째 회항 예상지였던 테터보로 공항에 각각 20회 모두 무사 착륙이라는 결과까지 나와 설리 기장은 혼란에 빠진다. 자신이 옳았다는 증거를 찾기 위해 사고 경위를 생각하고, 또 생각한다. 그러던 중 밤늦은 시각 사고에 관한 뉴스를 보던 중 무언가를 깨달은 설리 기장은 곧바로 자신과 친분이 있던 직원에게 공청회에서 음성 기록을 듣기 전 조종사가 직접 조종하는 시뮬레이션을 볼 수 있도록 요청한다.

이후 공청회 자리에서 시뮬레이션 결과를 확인한다. 에어버스에서 진행된 비행 시뮬레이션 결과, 라과디아, 테터보로 공항에 무사히 착륙하는 모습을 영상으로 보여주자 객석에서는 술렁이기 시작한다.
하지만 설리 기장은 기다렸다는 듯이 시뮬레이션을 실시한 조종사들이 얼마나 연습했는지 묻는다. 이에 대해 무려 17회의 연습을 했다는 어처구니없는 대답을 듣는다.

설리 기장과 스카일스 부기장은 이런 상황을 가정한 훈련조차도 해본 적이 없었고, 게다가 그들이 겪은 것은 가상의 시뮬레이션이 아니라 155명의 목숨이 달려 있는 실제 상황이었다는 점을 강조한다.

〈에어버스 비행 시뮬레이션 장면〉

그리고 자신이 사고 당시 어떤 행동을 했는지를 강조하면서 버드 스트라이크 상황에서 시뮬레이션 조종사들이 마치 기계처럼 즉시 라과디아 공항이나 테터보로 공항으로 회항하는 것을 지적한다. "조종사의 인적 오류(human error)를 밝히고 싶으면 인적 요소를 반영하십시오."라고 설리 기장은 강하게 주장한다.

※ 버드 스트라이크(bird strike)

버드 스트라이크는 조류가 비행기와 충돌하거나 엔진 속으로 빨려 들어가 항공 사고를 유발하는 현상으로, 항공기의 이·착륙 시 주로 발생한다. 공항은 넓은 평지에 위치해 조류가 먹이를 구하기 쉬운 환경을 제공하며, 활주로 주변에 물 웅덩이나 초지, 작은 호수가 있을 경우 새들이 더욱 많이 모여들게 된다. 철새는 계절에 따라 무리를 지어 이동하고, 조류의 비행 경로는 바람 방향이나 먹이 위치에 따라 예측하기 어려워 항공기와 쉽게 동선이 겹치게 된다.

버드 스트라이크는 항공기 운항에 큰 위험을 초래하는데, 특히 저고도 비행 중 새가 항공기 동체나 엔진에 충돌할 경우 큰 손상이 발생할 수 있다. 만약 새가 엔진 속으로 빨려 들어가면 내부 부품이 파손되고, 심각한 경우에는 폭발이나 유리창 파손 같은 사고로 이어질 수 있다. 항공기가 이·착륙할 때는 엔진 출력이 가장 높기 때문에, 이때 버드 스트라이크가 가장 많이 발생한다.

비록 새가 작고 연약해 보이지만, 비행기의 빠른 속도와 새의 무게가 결합되면 매우 큰 충격을 일으킨다. 예를 들어, 1kg도 안 되는 작은 새가 시속 370km로 비행 중인 항공기와 충돌할 경우 약 5톤(t)의 충격이 가해지고, 1.8kg의 새가 시속 960km로 충돌하면 약 64톤(t)의 충격에 해당한다. 이는 조류가 지닌 운동 에너지 때문인데, 비행기 속도가 빠를수록 충돌 에너지도 커진다.

그렇다면 왜 새들은 비행기를 피하지 못할까? 이는 새의 생태적 특성 때문이다. 새들은 일정 거리 안에 위험을 감지해야 회피 반응을 보이며, 그 거리는 약 30미터이다. 이보다 멀리 있는 위험에는 반응하지 않으며, 눈이 머리 양옆에 달린 구조 때문에 거리 판단 능력도 부족하다. 그래서 거대한 항공기가 다가오더라도 이를 위험으로 인지하지 못하고 회피하지 못하는 것이다.

이와 같은 문제는 항공기뿐만 아니라 도심에서도 발생한다. 많은 새들이 고층 건물의 유리창이나 투명 방음벽 등에 충돌해 죽는데, 이는 유리의 투명성과 반사성 때문에 새가 유리를 열린 공간으로 착각하기 때문이다. 시속 36~72km로 비행하던 새들이 유리에 부딪히면 큰 충격을 받아 목숨을 잃게 된다.

결론적으로, 버드 스트라이크는 항공기의 안전을 위협하는 중요한 문제로, 조류의 습성과 환경적 요인이 복합적으로 작용하여 발생하며, 이에 대한 적절한 예방과 대응이 필수적이다.

설리의 주장대로 버드 스트라이크 직후 우선 상황 판단과 조치 등을 위해 필요한 최소의 시간과 이후 기수를 돌려야 한다는 점이 인정되었다. 이를 고려해 새 떼와의 충돌 이후 35초가 지난 뒤 회항을 하는 것으로 상정하여 시뮬레이션을 재시도하였다. 시뮬레이션 결과 라과디아 공항으로 회항하는 경우 13번 활주로에 도착하기 전에 추락하였고, 테터보로 공항으로 회항하는 경우에는 공항 근처도 못 가고 도심 한복판에 추락하는 것으로 결과가 나왔다. 시뮬레이션에서조차 섬뜩한 지상접근경보장치(GPWS: ground proximity warning system)의 경보음이 발생하였다. 설리 기장의 주장대로 회항이 불가능하였고 도시 한복판에 추락했으면 추가적인 피해까지 발생할 수 있었던 것이다.

뒤이어 조종실 음성 녹음기 청취에서 설리 기장과 스카일스 부기장의 놀랍도록 침착한 대처와 판단을 한 음성을 듣는 순간 청문회 분위기는 더욱 숙연해진다. 여기에 결정적으로 실제 항공기의 왼쪽 엔진을 회수해 검사한 결과 설리 기장의 말대로 왼쪽 엔진은 그야말로 처참하게 파괴되어 정지된 상태였음이 밝혀진다. 그를 토대로 조사관인 엘리자베스가 항공기 운항정보 교신시스템의 고장으로 인한 잘못된 것이었음을 인정한다.

〈국가운수안전위원회 공청회 장면〉

조사관들은 설리 기장과 스카일스 부기장의 대처가 유례가 없을 만큼 침착하고 대단했던 점을 인정하고 공식 석상임에도 불구하고 사적인 감정을 담아 사과를 전할 정도로 미안함을 표시한다. 하지만 설리 기장은 승무원 5명과 승객 150명, 관제탑, 페리 승무원, 뉴욕 경찰과 소방당국 등 모두가 도와주었기에 가능했다고 공을 돌린다. 그리고 조사관이 스카일스 부기장에게 이런 상황이 다시 일어나게 된다면 이번과는 다른 선택을 할 것이냐는 질문에 "물론입니다. 저라면 추운 1월보다 7월에 할 것 같네요"라고 코믹한 멘트를 날리고 공청회장의 모두가 유쾌하게 웃는 모습으로 영화는 끝난다.

이 영화에서 급박한 위기 상황 속에서도 155명의 생명을 안전하게 구조할 수 있었던 이유는 크게 세 가지로 요약할 수 있다.

첫 번째는 설리 기장과 스카일스 부기장의 신속하고 적절한 판단력, 그리고 뛰어난 대응 능력이다. 설리 기장은 약 2만 시간, 스카일스 부기장은 약 1만 5천 시간의 비행 경력을 가진 베테랑들이었다. 그렇다면 어떻게 이들은 그토록 경이로울 만큼 침착하게 상황을 판단하고 대응할 수 있었을까?

인간의 뇌는 외부 정보를 받아들이면 이를 입력 → 인지 → 행위 결정 → 실행 → 결과의 순서로 처리한다. 이 중 인지하고 반응하는 데 평균 0.5초 정도 걸리며, 행위를 결정하는 과정에서는 '기억'을 활용한다. 이 기억은 단기기억과 장기기억으로 나뉘며, 장기기억에는 교육과 훈련, 그리고 다양한 경험들이 저장되어 있다.

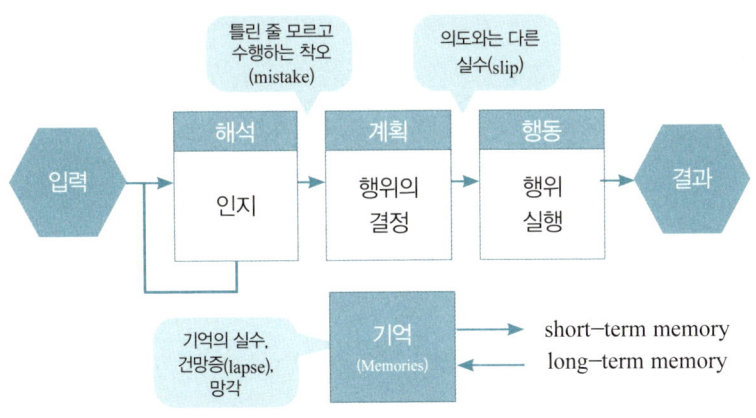

〈인간의 정보처리모델 과정과 실수〉

설리 기장은 실제로 "버드 스트라이크" 상황을 경험한 적은 없었지만, 수많은 비행 경험과 훈련을 통해 유사한 시나리오들을 익혀왔기 때문에, 사고 당시 35초라는 짧은 시간 안에 최선의 결정을 내릴 수 있었던 것이다. 사실 점심 메뉴 하나를 고르는 데도 35초 이상 걸릴 수 있다는 점을 생각하면, 이 같은 판단은 거의 기적에 가까웠다고 할 수 있다. 그럼에도 설리 기장은 직감적으로 라과디아 공항과 테터보로 공항으로는 복귀할 수 없다고 판단했고, 결국 허드슨강 착수를 선택해 전원 생존이라는 놀라운 결과를 만들어냈다.

인간의 정보처리 과정에서 입력 에러는 확인 실수, 판단 에러는 의사결정의 실수, 동작 에러는 실행 실수로 구분된다. 설리 기장은 판단 에러를 하지 않기 위해 사고 발생 후의 35초 동안 그간의 풍부한 비행 경험과 지식을 종합해 최선의 판단을 내린 것이다.

이 사례는 우리에게 중요한 교훈을 준다. 즉, 위급 상황에 대비한 체계적인 교육, 반복적인 훈련, 그리고 실질적인 대응능력 확보가 얼마나 중요한지를 보여준다. 산업현장에서도 마찬가지다. 언제든 발생할 수 있는 다양한 위험에 효과적으로 대응하기 위해서는 규정과 절차를 철저히 준수하고, 형식적인 교육을 넘어 실제 상황에 맞는 훈련과 교육이 필요하다.

두 번째는 책임감을 가지고 자신의 역할을 충실히 수행한 승무원들과 직원들의 헌신이다. 비행기가 허드슨강에 추락하기 직전, 승무원들은 침착하게 "허드슨강에 불시착할 예정이니, 안전벨트를 착용하고 충돌에 대비하라"고 승객들에게 안내했다. 조종사의 훌륭한 조종술 덕분에 비행기는 큰 충격 없이 강에 착륙했지만, 이는 여전히 매우 위험한 상황이었다. 당시 외부 온도는 영하 7도, 물의 표면 온도는 0도였고, 활강 각도가 조금이라도 틀어졌다면 동체가 심각하게 파손될 수도 있었다. 물 위에 비상 착륙하는 상황은 물의 장력과 마찰력 때문에 동체가 부서질 위험이 크기 때문이다.

그럼에도 기장과 부기장의 정확한 판단과 조종 덕분에 항공기는 안정적으로 착수했다. 그러나 진짜 감동은 그 이후, 승무원들의 책임감 있는 대응에서 드러난다.

설리 기장은 승무원 수칙에 따라 "First in, Last out", 즉 "가장 먼저 탑승하고, 가장 마지막에 하선" 원칙을 지켰다. 이는 세월호 사고 당시 선장이 먼저 탈출한 모습이 TV를 통해 알려지며 국민적 분노를 불러일으켰던 장면과 대조된다.

승무원들은 구조가 완료될 때까지 끝까지 자리를 지켰으며, 승객 한 명 한 명이 안전하게 기체 밖으로 나오는지를 직접 확인했다. 또한 승객들이 한쪽 날개로만 몰리지 않도록 균형 있게 양쪽으로 배치해, 기체가 기울어지거나 침몰하는 것을 막는 조치를 했다. 구조선이 도착할 때까지 추운 날씨 속에서도 끝까지 승객들을 보호하려 한 그들의 책임감과 헌신은 이 기적적인 구조의 또 다른 중요한 이유였

⟨승객들을 실어 가는 구조선⟩

⟨승객들의 탈출⟩

⟨승객들을 구조하는 구조 다이버⟩

⟨구조용 헬기 도착⟩

　세 번째는 재난 발생 시 신속하고 체계적으로 작동한 재난 대응 시스템이다. 미국은 현장 중심의 재난 안전 시스템을 운영하고 있으며, 이 시스템은 위기 발생 시 빠르게 의사결정을 내리고 현장 대응을 우선시한다. 사고 직후, 관제탑으로부터 상황을 보고 받은 뉴욕 항만청장은 상위기관인 주정부나 연방재난관리청에 선보고하여야 하나 구조작업을 선지시하여 구조 헬기, 구조선, 구조 다이버를 현장에 투입하였다. 차후 상위기관에 보고하여 많은 생명을 신속하게 구조하는 현명한 판단을 하였다.

또한, 미국은 주파수 공용 통신망(TRS: Trunked Radio Service)을 이용해 여러 기관 간 신속하게 정보를 공유하고 협업할 수 있는 시스템을 갖추고 있다. 이 통신망은 재난 발생 시 골든타임을 놓치지 않도록 설계되어 있으며, 즉각적인 현장 대응이 가능하게 한다.

가장 먼저 구조에 나선 것은 수상 페리(여객선)였다. 비상연락망을 통해 상황을 접한 페리는 불시착 4분 만에 현장에 도착해 구조작업을 시작했고, 이후 구조 헬기와 구조선 등이 잇따라 도착하면서 총 155명 전원이 무사히 구조될 수 있었다.

이러한 신속하고 조직적인 구조 시스템은 단순히 운이 좋았던 것이 아니라, 평소에 철저히 준비되고 훈련된 시스템 덕분이었다. 결국 위기 상황에서의 성공적인 대응은 시스템, 사람, 그리고 판단력이라는 세 요소가 유기적으로 작동할 때 가능한 일임을 보여준다.

재난이나 대형 사고는 언제, 어디서, 어떤 형태로 발생할지 예측하기 어렵다. 그럼에도 불구하고 많은 국민은 사고가 발생했을 때 "과연 우리나라의 대응 시스템은 4분 내에 도착할 수 있을까"라는 의문을 품는다. 실제로 다중밀집사고나 자연재해와 같은 긴급 상황에서는 골든타임 내에 초기 대응이 이루어지는지가 인명 피해의 규모를 좌우하기 때문에, 이는 결코 가벼운 질문이 아니다.

현장 대응의 속도와 정확성은 결국 국가의 재난 대응 시스템이 얼마나 체계적으로 설계되어 있으며, 실제 상황에서 얼마나 효과적으로 작동하느냐에 달려 있다. 하지만 현실은 지역 간 대응 격차, 인력 부족, 초기 보고 체계의 혼선, 현장 판단의 미흡 등 다양한 문제점들이 드러나고 있다.

이러한 상황 속에서 우리는 이제 단순한 매뉴얼 보유에 그치지 않고, 실질적이고 작동 가능한 재난 대응 체계를 갖추는 것이 중요하다. 예측할 수 없는 재난에 대비하여, 시스템 전반에 대한 정기적인 점검과 훈련, 책임 주체의 명확화, 현장 중심의 실전 대응 강화가 필요하다. 또한 무엇보다 중요한 것은, 모든 대응의 목표가 결국 국민의 생명과 재산을 지키는 것임을 잊지 않고, 이를 중심에 두고 정책과 현장 시스템을 설계해 나가야 한다는 점이다.

"재난에 대비하는 가장 좋은 방법은
미리 준비하는 것이다."

에펠탑 효과와 안전

　처음에는 무관심하거나 부정적인 감정을 가질 수 있지만, 그 대상에 반복적으로 노출되면 점차 호감도가 증가하는 현상을 "에펠탑 효과(Eiffel Tower effect)"라고 한다. 다시 말해, 처음에는 어색하거나 서먹하지만, 자주 마주치게 되면 자연스럽게 호감이 생기고, 호감이 생기면 그 대상을 좋아하게 되는 현상이다. 이러한 효과는 "단순 노출 효과(Mere exposure effect)"라고도 불린다.

　에펠탑이 만들어진 배경을 살펴보면, 1889년은 프랑스 대혁명이 일어난 지 100년이 되는 해였다. 이 해에 프랑스 파리에서는 세계파리만국박람회가 개최될 예정이었다. 박람회 조직위원회는 프랑스 대혁명 100주년을 기념하고, 박람회의 상징적인 기념비를 세우기 위해 설계 공모전을 열었다. 이 공모전에 교량 및 건축 기술자인 알렉상드르 구스타브 에펠(Alexandre Gustave Eiffel)이 지금의 에펠탑 모습을 담은 설계도를 제출하여 당선되었다. 심사위원들은 그 작품이 금속으로 만들어진 독창적인 디자인이라고 평가하며, 만장일치로 이를 채택했다.

당시 파리의 대부분 건축물은 석조로 지어졌기 때문에, 철로 만든 높이 324m의 탑을 파리 중심에 세운다는 것은 매우 파격적인 시도였다. 이 전례 없는 구조물은 설계와 건설을 주도한 알렉상드르 구스타브 에펠의 이름을 따서 에펠탑(Eiffel Tower)이라 불리게 되었다.

〈에펠탑 전경〉

에펠탑 건립 계획이 발표되었을 당시, 파리의 많은 시민들과 예술가들은 극렬하게 반대했다. 당시 파리는 고풍스러운 고딕 건물들이 즐비한 예술과 문화의 도시였고, 그 한복판에 높이 324미터, 무게 약 7천 톤에 달하는 철골 구조물이 들어서는 것에 대해 비판이 쏟아졌다. 많은 사람은 이 거대한 철탑이 도시 미관을 훼손하고, 흉물스럽고 추악한 철 구조물이라고 비난했다.

1887년 2월, 프랑스의 한 일간지는 "에펠탑에 반대하는 예술가들의 탄원서"를 실었다. 당시 유명한 프랑스의 사실주의 문학의 대가인 기 드 모파상(Guy de Maupassant)은 에펠탑의 건립을 반대했는데, 그는 아이러니하게도 에펠탑 위에 있는 레스토랑에서 자주 식사를 했다. 그 이유는 파리에서 에펠탑이 보이지 않는 유일한 장소였기 때문이었다.

에펠탑 건립 당시의 계획은 철거를 전제로 한 것이었다. 1889년에 완공된 에펠탑은 20년 동안만 유지되기로 되어 있었고, 1909년에는 철거될 예정이었다. 그러나 예상치 못한 전환점이 찾아왔다. 1898년부터 에펠탑이 무선 통신의 송수신 기지로 사용되기 시작된 것이다. 이로 인해 철거 계획은 연기되었다. 시간이 흐르면서 에펠탑은 단순한 건축물이 아닌, 파리의 상징적 랜드마크로 자리 잡게 되었다.

오늘날, 에펠탑은 프랑스 사람들에게 자랑스러운 문화유산이자, 전 세계에서 수많은 관광객이 찾아오는 인기 명소가 되었다. 그 경제적 가치는 무려 600조 원에 달한다고 한다. 이 수치는 에펠탑이 관광 산업에 끼친 영향뿐만 아니라, 관련된 인프라와 문화적 영향까지 포함한 경제적 가치를 반영한 것이다.

에펠탑 효과는 폴란드 출신의 사회심리학자 로버트 자이언스(Robert Zajonc)에 의해 처음 제시되었다. 그는 일련의 실험을 통해 이 현상을 입증했다. 자이언스는 대학생들에게 12장의 얼굴 사진을 무작위로 보여주고, 각 사진에 대해 얼마나 호감을 느끼는지 실험을 진행했다. 그가 설정한 조건은 사진을 보여주는 횟수를 0회, 1회, 2회, 5회, 10회, 25회로 나눈 6가지 조건이었다.

〈Robert Zajonc〉

이 실험 결과, 사진을 보여주는 횟수가 증가할수록 호감도가 증가한다는 사실이 입증되었다. 이는 사람은 처음에 낯선 사람에 대해 경계심이나 부정적인 감정을 느낄 수 있지만, 그 사람을 자주 마주칠수록 친근감과 긍정적인 감정을 느끼게 되어 결국 호감으로 이어진다는 것을 의미한다.

이 이론은 광고 분야에서 가장 널리 활용되었다. 브랜드나 제품을 소비자에게 반복적으로 노출하면, 소비자들은 점점 그 브랜드에 대해 친근감을 느끼게 되고, 결국에는 더 큰 호감을 가지게 되어 구매로 이어지게 된다. 이와 같은 반복적인 노출이 에펠탑 효과의 실용적인 응용 사례라 할 수 있다.

드라마에서 특정 상품을 간접광고로 반복해서 보여주는 방식은 에펠탑 효과와 매우 유사하다. 반복적인 노출을 통해 시청자에게 친숙함을 형성하고, 그 결과 해당 브랜드에 대한 긍정적인 감정을 유도

하는 전략이다. 일용품이나 간단한 식료품의 경우, 가격에 대한 위험 요소가 적기 때문에 광고에서 제품의 특성보다는 반복적인 노출을 통해 브랜드를 친숙하게 만들어 소비자들이 자연스럽게 구매하게 만든다.

〈반복적인 노출〉

또한, 에펠탑 효과는 긍정적인 이미지에만 적용되는 것은 아니며, 그 반대의 경우도 있다. 예를 들어, 논란이 될 수 있는 대상이나 이슈를 지속적으로 노출해 노이즈 마케팅(Noise Marketing)으로 활용하는 사례도 있다. 이런 전략은 의도적으로 부정적 반응을 일으켜 오히려 대중의 관심을 끌고, 인지도나 수익을 향상시키는 효과를 가져오는 경우도 있다.

이와 같은 에펠탑 효과는 광고나 마케팅뿐만 아니라, 안전관리에도 적용될 수 있다. 에펠탑 효과의 핵심은 반복적인 노출을 통해 점차 자연스럽게 기억에 각인시키는 것이다. 이를 소화기와 같은 일상적인 소화 장비에도 적용할 수 있다. 예를 들어, 아파트나 집에 소화기를 현관 입구 같은 위치에 비치하면, 우리가 그 위치를 의식적으로 자각하지 않더라도, 자동으로 기억하게 된다. 이처럼 반복적인

〈아파트 입구 소화기〉

노출은 무의식적으로 우리의 행동을 유도할 수 있다. 따라서 화재와 같은 위급한 상황이 발생했을 때, 우리는 소화기 위치를 자연스럽게 떠올리고, 허둥지둥하지 않고 신속하게 대응할 수 있게 되는 것이다.

기업의 안전문화 구축에서도 에펠탑 효과를 적극 활용하는 방안은 매우 효과적인 방법이라고 할 수 있다. 그럼 몇 가지 방법들을 제시하면 다음과 같다.

경영진의 역할과 관심

안전문화는 경영진의 마인드와 관심에서 출발한다. 경영진이 안전에 대한 우선순위를 명확히 하고, 안전 예산을 배정하며, 안전 활동에 참여할 때, 직원들도 이를 보고 자연스럽게 안전에 대한 관심을 갖게 된다. 만약 경영진이 안전에 관심을 갖지 않는다면, 직원들 또한 안전을 소홀히 하게 될 가능성이 높다.

그리고 임원, 간부 회의 시 경영진이 안전에 대한 코멘트를 잠깐이라도 한다면 그 조직에 미치는 안전효과는 높을 수밖에 없다. 에펠탑 효과처럼, 경영진이 반복적으로 강조하고 안전을 생활화하면, 직원들 역시 점차 안전의 중요성을 인식하게 될 것이다.

TBM(Tool box Meeting)

안전교육을 매일 짧게라도 진행하는 TBM은 매우 효과적인 방법이다. 매일 아침, 작업에 들어가기 전에 작업 일정과 함께 안전교육을 잠깐이라도 진행하면, 직원들이 자연스럽게 안전 작업을 하게 될 것이다. 이 짧은 교육 시간은 안전 키포인트를 강조하고, 그날의 위험 요소를 미리 짚어준다. 일종의 예방적 조치로, 직원들이 안전을 반복적으로 인식하게 하고, 안전 작업에 대한 경각심을 높일 수 있다. 이 과정에서 경영진이 간혹 참여하거나 관심을 보이면, 직원들이 보다 모범적인 안전 행동을 보일 수 있다.

〈작업 전 TBM 활동〉

지속적인 노출과 시각적 자료 활용

안전수칙, 안전표지, 포스터 등을 눈에 띄는 곳에 지속적으로 배치하는 것은 아주 중요한 접근방법이다. 사람들이 자주 지나치는 곳이나 눈에 잘 띄는 곳에 안전 메시지를 반복적으로 노출시켜야 한다.

소음이 큰 작업장에서 귀마개 착용을 홍보하는 것처럼, 실질적인 이유와 동기를 제시하는 것이 효과적이다.

예를 들어, "귀마개를 착용하지 않으면, 당신의 소중한 가족의 목소리를 듣지 못할 수도 있습니다."와 같은 메시지는 직원들이 직접적인 결과를 상상하게 만들고, 개인적인 동기로 연결될 수 있다. 이는 단순한 안전표지를 넘어, 감정적으로 동기부여가 되는 방법이다.

〈건설현장 안전 포스터〉

기업의 안전문화는 경영진의 의지, 직원들의 반복적인 노출, 그리고 지속적인 교육과 소통을 통해 자연스럽게 형성된다. 이 모든 과정에서 에펠탑 효과처럼, 반복적이고 지속적인 관심이 핵심적인 역할을 한다. 안전은 선택이 아닌 필수이다. 모든 구성원이 안전의 중요성을 자각하고 자연스럽게 생활화할 수 있는 기업 문화를 만드는 것이 성공적인 안전관리의 시작이다.

"안전은 반복적인 노출로 생활화 돼야 한다."

고전 속에 담긴 안전의 통찰

토영삼굴(兎營三窟), 그리고 안전설계의 지혜

중국의 전국시대(기원전 403년~221년) 말기 제나라의 명재상으로 유명한 맹상군은 제나라의 명재상으로, 식객을 후하게 대접하여 수천 명의 식객을 거느리고 있었다. 당시 식객을 많이 거느리는 것은 자신의 세력을 과시하는 중요한 수단이었다. 그중에 풍환이라는 식객이 있었다. 그는 1년 동안 아무것도 하지 않고 놀고먹기만 했다. 맹상군은 처음에 풍환을 탐탁지 않게 생각하였다.

하지만 맹상군은 풍환의 지혜와 능력을 알아보고, 결국 그를 곁에 두기로 결심하였다. 맹상군은 매우 부유했지만, 많은 식객들의 숙식 문제로 늘 금전적으로 어려운 상황에 처해 있었다.

맹상군은 영지 설 지역의 백성들에게 돈과 양식을 빌려주었고, 이자와 원금을 받아야 할 시점이 다가왔다. 당시 가뭄과 경제적인 어려움으로 많은 백성의 생활이 어려운 상황이었다. 맹상군은 그들이 갚을 여력이 없을 것으로 예상했지만, 이를 해결하기 위해 풍환을 보냈다.

　풍환은 도착하자마자 차용증을 확인하고, 갚을 여력이 있는 사람들에게는 연기를 해주고, 가난한 사람들의 빚은 탕감해 주었다. 이는 단순히 돈을 받아오는 것이 아니라, 백성들의 삶을 고려한 현명한 조치였다. 이렇게 함으로써 풍환은 백성들의 신뢰를 얻었고, 경제적인 어려움 속에서도 도덕적인 리더십을 발휘한 것이다.
　풍환은 돈을 받는 것이 아닌, 백성들의 신뢰를 얻는 것이 훗날 더 큰 도움이 될 것이라 믿었다. 이는 단기적인 이익을 추구하기보다는 장기적인 관계와 신뢰를 중시하는 지혜로운 선택이었다.

　풍환이 집으로 돌아가 맹상군을 만났다. 맹상군은 풍환에게 원금, 이자를 받아왔느냐고 물었는데 풍환은 이렇게 말했다. "가난한 사람들은 빚을 갚고 싶어도 갚을 수가 없는데 그런 사람들에게 빚 독촉을 해보았자 도망치거나 나리에 대한 원성만 높아질 뿐입니다. 차용증서를 태워 백성의 신망을 얻었으니 돈보다 더 소중한 것을 얻었습니다. 훗날, 이 일은 큰 도움이 될 것입니다."
　맹상군은 경제적으로 어려운 상황에서 오히려 빚을 탕감해 주었다는 풍환이 탐탁지 않았지만, 당시 백성들의 상황을 고려해 풍환의 말을 받아들이기로 했다.

　맹상군의 명성이 높아지자 시기하는 사람이 많아졌고 간신들의 모함으로 끝내 맹상군은 재상직에서 물러나게 됐다. 수천 명의 식객들은 맹상군의 권력이 떨어지자 다 떠나고 시끌시끌하던 집 안에는 고요함만이 가득했다.

그러나 풍환만은 맹상군의 곁에 남아 영지인 설 땅까지 함께 가자고 하였다. 힘들게 설 땅에 도착하자 설 지역의 백성들은 맹상군을 열렬히 환영했다.

맹상군은 풍환의 행동이 옳았음을 깨달았다. 맹상군이 그를 치하하자 풍환은 이렇게 대답했다. "영리한 토끼는 안전하게 굴을 셋을 파 놓는 법입니다. 이제 겨우 굴 하나를 팠을 뿐입니다. 나머지 굴 두 개를 파 드리겠습니다."

맹상군은 풍환이 부탁한 대로 수레에 진귀한 보물을 잔뜩 실어 적대국인 진나라로 보냈다. 풍환은 진나라 왕을 만나 화려한 언변으로 맹상군을 재상으로 삼으라고 설득했다. "제나라가 진나라와 자웅을 겨룰 수 있을 만큼 강한 것은 훌륭한 재상인 맹상군이 있기 때문입니다. 맹상군은 제나라 민왕의 미움을 받아서 재상에서 물러나 있습니다. 맹상군을 진나라의 재상으로 삼지 않는다면 진나라는 천하의 패자가 될 수 있을 것입니다."

진나라 왕은 풍환의 설득에 넘어가 맹상군을 재상으로 임명하겠다고 마음먹고 수레에 황금과 예물을 잔뜩 실어 맹상군에게 보냈다. 진나라 왕을 설득한 풍환은 이번에는 제나라 민왕을 찾아가 이 사실을 말했다.

"지금 많은 나라들이 천하의 인재들을 모으고 있습니다. 지금 진나라에서 맹상군이 재상에서 물러났다는 소식을 듣고 황금과 보물을 보내 그를 데려가려 합니다. 맹상군처럼 뛰어난 인재를 진나라에 빼앗긴다면 제나라는 큰 위기에 처할 것입니다." 풍환의 말을 들은 민왕은 맹상군에게 사과하고 다시 재상으로 삼았으며 후한 포상도 함께 내렸다. 맹상군은 풍환에게 깊이 고마워하였고 그를 무한히 신뢰하였다.

맹상군이 권력을 되찾자 그의 집은 다시 식객으로 들끓었다. 모든 것이 제자리로 돌아가자 풍환은 맹상군에게 이렇게 말했다. "두 번째 굴을 뚫었으니 이제 마지막 굴을 파겠습니다." 풍환은 민왕을 설득하여 맹상군의 영지 설 땅에 제나라의 종묘를 세우도록 했다. 왕실의 종묘가 있는 설 지역은 그 누구도 넘볼 수가 없는 땅이 되었다. 종묘는 맹상군에게 난공불락의 요새가 되어 맹상군은 평생 마음 편히 살 수 있었다. 이 이야기는 삼국사기 맹상군열전에 실려 전해졌다.

토영삼굴은 토끼가 위기에서 벗어나기 위해 세 개의 굴을 파 놓는다는 사자성어로 자신의 안전을 위해 미리 대비책을 마련한다는 뜻이다. 즉, 위험한 상황에 대비하여 2중, 3중으로 안전장치를 마련한 것이다.

이 이야기를 안전에 적용하면 페일 세이프티(fail safety)라고 할 수 있다. 페일 세이프티는 기계나 시스템이 오작동이나 고장(fail)을 일으킬 경우, 이로 인해 더 위험한 상황이 되는 것이 아니라 비상 장치나 다른 부품이 작동하여 사고를 예방하는 설계 원리이며, 부품을 병렬로 사용하여 부품 하나가 고장이 나더라도 나머지 부품이 작동하여 시스템을 안전하게 작동시킬 수 있는 설계, 제작 방법이다.

예를 들어 용해로 내부에는 열을 식히기 위해 냉각수가 흐른다. 그런데 갑자기 정전이 일어나 용해로에 냉각수 순환이 멈춘다면 온도가 순식간에 올라가 대형사고로 이어질 수 있다. 이런 상황에 대비해서 안전하게 설계된 용해로는 자동으로 비상 발전기가 작동하여 워터펌프를 작동하여 냉각수를 순환시킨다. 일정 기간 안전한 상태를 유지하여 큰 사고로 이어지지 않고 안전하게 조치할 수 있는 시간을 확보하는 것이다.

항공기가 비행 중에 하나의 엔진이 고장이 나도 다른 하나의 엔진으로 운행이 가능하도록 설계를 하고, 우리가 매일 타는 승강기도 승강기 카가 낙하하면 조속기(정격속도 이상 주행 시 승강기 카를 급제동하는 안전장치)가 작동하여 추락을 방지한다. 자동차 역시 기어를 P에 놓고 브레이크를 밟지 않으면 시동이 걸어도 걸리지 않도록 2중, 3중으로 안전조치를 하는 것이다.

그리고 인간은 모두 실수를 한다. 따라서 근로자가 실수를 하더라도 모든 기계, 설비가 안전성이 확보되도록 설계하는 것을 풀 프루트(fool proof)라고 한다. 기계, 설비를 잘못 조작하거나 실수하더라도 사고나 재해가 발생하지 않도록 안전장치를 설치하는 것을 말한다. 세탁기 가동 중 뚜껑을 열면 정지하는 것처럼 말이다. 인간은 누구나 실수를 한다는 전제하에 모든 기계, 설비를 설계, 제작해야 한다. 또한 설계된 안전장치가 정상적으로 작동하는지를 주기적으로 점검하여 안전을 확보하는 것이 중요하다.

만전지책(萬全之策)

만전지책은 중국의 후한 말 유표의 이야기에서 유래되었다. 당시 가장 큰 힘을 가지고 있던 조조와 원소는 관도에서 맞붙었다. 이때 조조의 군사는 3만이었고 원소의 군사는 10만이었다. 조조는 원소의 명장인 안량과 문추를 죽이면서 타격을 주기도 하였다. 그러나 원소의 군사가 훨씬 많았기 때문에 쉽게 앞으로 나아가지 못했고 원소도 조조군에게 기세가 꺾여 쉽게 공격하지 못하고 있었다. 상황이 이렇게 되자 원소는 형주의 유표를 찾아가 도움을 요청했다.

유표는 원소를 돕겠다고 말은 하였지만 이러지도 저러지도 못하고 있었다. 이 모습을 본 한승이 걱정스러워하며 유표에게 말했다.
"조조는 반드시 원소를 격파하고, 그다음에는 우리를 공격해 올

것입니다. 우리가 어떠한 결정도 하지 않은 채 관망만 하고 있으면 양쪽의 원한을 사게 됩니다. 그러므로 강력한 조조를 따르는 것이 현명한 만전지책이 될 것입니다." 그러나 의심이 많은 유표는 결정을 내리지 못하고 망설이다가 뒤에 조조에게 큰 화를 당하게 된다.

만전지책은 아주 안전하거나 완벽한 계책으로 한 치의 빈틈도 없이 완전한 방법을 말한다. 이 고사성어가 주는 교훈은 실패의 위험이 없는 아주 안전하고 완벽한 계책을 찾았지만 결국은 아무것도 하지 못하고 훗날 자신도 위험에 빠진다는 얘기이다.

산업현장에서 안전은 계륵과도 같은 존재이다. 기업이 생산성과 이익에 중점을 두면 안전에 투자하는 것을 소홀히 하게 되고 안전에 중심을 두면 생산성과 이익에 영향을 미친다고 생각하기 때문이다. 경영자나 책임자라면 두 마리의 토끼를 잡을 수 있는 전략을 구사할 수 있어야 한다. 생산성과 이익을 극대화하면서 안전한 사업장을 유지하는 전략으로 말이다.

이제는 산업안전보건법보다 강화된 중대재해처벌법이 시행되어 중대산업재해나 중대시민재해가 발생하면 기업은 생존의 문제가 발생할 수 있다. 안전은 이제 선택의 문제가 아닌 필수의 시대가 된 것이다. 유표처럼 이러지도 저러지도 못하고 나중에 후회하는 일이 발생하지 않도록 사고가 발생하기 전에 생산과 안전을 하나의 시스템으로 구축하여 2마리의 토끼를 다 잡는 현명한 선택이 필요하다.

거안사위(居安思危)

춘추시대에 진(晉)나라와 초(楚)나라가 중원의 패권을 놓고 팽팽하게 맞섰다. 그런데, 진나라의 임금 여공(勵公)은 사람됨이 어리석고 향락에 눈이 멀어 정치에는 별 관심이 없었다. 그 바람에 기강이 무너져 사회가 어지럽고, 지금까지 진나라를 따르던 제후들도 차츰 딴 마음을 가지게 되어 초나라에 비해 열세를 면할 수 없게 되었다.

"이러다간 필경 나라가 망하고 말겠구나!"

대신들은 걱정이 태산 같았는데, 그중에서도 뜻이 무겁고 과단성이 있는 실력자 두 사람이 정변을 일으켰다. 그들은 여공을 죽이고, 국외에 있던 공자(公子)를 불러 임금으로 추대했다. 그가 곧 도공(悼公)이다. 진나라는 도공의 지도력으로 대신들이 합심하고 협력해서 다시 초나라와 맞설 수 있을 정도의 국력을 회복하였다. 문제는 북방의 야인 부족 융족이었다. 이들이 등 뒤에서 호시탐탐 노리고 있는 한 마음 놓고 초나라와 맞설 수가 없는 것이다. 도공은 먼저 융족을 토벌하여 후환을 없앤다는 생각을 했으나, 대신인 위강이 이렇게 간청했다.

"그것은 안 될 말씀입니다. 우리 군사가 융족을 치러 나간 사이에 초나라가 갑자기 쳐들어오면 어떻게 하시겠습니까? 차라리 융족을 잘 달래어 화친하는 것이 나을 것입니다. 그 임무를 신에게 맡겨 주십시오."

도공도 그 말이 일리가 있다고 보고 위강을 파견하였다. 융족을 찾아간 위강은 유창한 언변으로 그들을 구슬려 동맹을 맺는 데 성공했다. 덕분에 마음 놓고 초나라와 패권을 겨루게 된 진나라는 두 강자 사이에서 갈팡질팡하는 정(鄭)나라를 쳐서 간단히 항복시키는 것으로 천하에 위세를 떨쳤고, 도공의 인망도 높아졌다. 대단히 만족한 도공이 정나라로부터 받은 예물의 절반을 위강에게 주며 공로를 치하하자, 위강이 말했다.

"송구스럽습니다. 주공(主公)의 위엄과 덕망이 높고 여러 대신들의 공이 더 크기 때문에 가능했다고 생각합니다. 아무쪼록 주공께서 평안할 때도 위기를 생각하는 마음을 항상 가지시면 이 즐거움을 언제까지나 누리실 수 있을 것입니다."

산업현장에서 안전 실무자들과 대화를 나누다 보면, 저자가 아무리 "안전을 위해 조치가 필요하다"고 강조해도 대부분의 실무자들은 "그게 법에 명시되어 있느냐"고 되묻는다. 만약 법에 반드시 하라고 규정되어 있지 않다면, 많은 경우 "나중에 하겠다"며 실행을 미룬다. 그러나 사고는 언제나 준비되지 않은 순간에 갑자기 발생하기 마련이다. 그렇기 때문에 위험 요소는 사전에 찾아내고 미리 대비하는 것이 가장 중요한 예방책이다.

거안사위의 의미는 평안할 때 위기를 생각하여 대비해야 한다는 것이다. 평소 위험에 대비한 준비가 되어 있어야만 안전이 확보된다. 법적 강제가 없더라도 스스로 책임감과 경각심을 가지고 위험

요소를 사전에 제거하려는 노력이 산업재해를 줄이는 지름길이라는 점을 명심해야 한다.

사고는 작은 부분이 준비되지 않으면 위험은 항상 상존한다. 마치 거대한 댐이 아주 작은 균열로 인해 무너지는 것처럼, 산업재해 역시 사소한 실수나 미비한 관리에서 비롯되어 결국은 중대한 사고로 이어질 수 있다. 그렇기 때문에 중대재해뿐 아니라, 일상적인 작업 속의 작은 위험 요소들에 대해서도 꾸준히 관심을 가지고 예방하려는 노력이 필요하다.

"Security is the mortal's chiefest enemy"
방심이 제일 무서운 적
- 셰익스피어

2부

안전하지 않은 사회
- 우리는 왜 늘 준비되지 않았는가

위급상황에 작동하지 않는 재난안전통신망?

재난안전통신망이 구축되기 전에는 경찰, 소방, 해양경찰 등 재난 관련 기관들이 각기 다른 통신망과 방식을 사용해 왔다. 그 결과, 재난이 발생 시 기관 간 실시간 정보 공유가 어렵고, 협업과 대응에 많은 시간과 혼선이 발생하곤 했다. 또한 기존의 통신 방식은 대부분 음성이나 문자에 국한되어 있어, 현장 대원들이 재난 현장에 도착하기 전까지는 정확한 상황을 파악하기 어려운 구조였다.

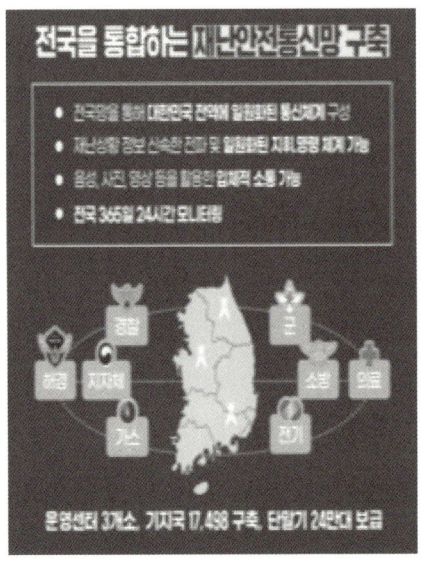

〈재난안전통신망 연계 8개 기관, 행정안전부〉

그래서 초기 대응이 지연되거나, 상황 판단이 늦어져 골든타임을 놓치는 사례가 종종 발생했다. 그리고 재난이 발생하면 해당 지역에서는 통신 수요가 급격히 증가하여 일반적으로 사용하는 이동통신망은 이용자 폭증으로 인해 과부하가 발생할 수 있고, 이로 인해 통신 장애나 지연 현상이 나타날 수 있다.

이러한 문제를 해결하기 위해, 여러 기관이 개별적으로 운영하던 통신망을 전국 단일의 재난안전통신망으로 통합하게 되었다. PS-LTE(Public Safety LTE) 기반의 고속 무선통신 기술을 활용하여, 음성뿐 아니라 영상, 사진, 현장 데이터 등 다양한 정보의 실시간 공유가 가능해졌다. 재난안전통신망은 총 8개 기관(소방, 경찰, 해경, 군, 지자체, 의료, 전기, 가스)이 연계되어 있으며, "재난 시 국민의 생명을 지키는 최전선의 통신망" 역할을 수행한다.

이제 재난 발생 시, 소방, 경찰, 해경 등 모든 재난 대응 기관이 하나의 네트워크로 연결되어 현장의 정확한 정보를 빠르게 공유하고, 신속하고 체계적인 공동 대응이 가능하게 되었다. 결국, 재난안전통신망은 "골든타임을 확보하는 가장 중요한 수단"이며, 국민의 생명과 안전을 지키는 보이지 않는 버팀목이라 할 수 있다.

우리나라는 이 시스템의 중요성을 인식하고 2021년 6월 8일, 「재난안전통신망법」을 제정, 같은 해 12월 9일부터 시행하고 있다.

대구 지하철 화재, 소통 부재가 키운 참사

〈대구 지하철 화재〉

2003년 2월 18일, 192명의 목숨을 앗아간 대구 지하철 화재 사고는 절대로 일어나서는 안 될, 대한민국 현대사에서 가장 가슴 아픈 참사 중 하나이다. 당시의 가장 큰 문제 중 하나는 바로 재난 대응 기관 간의 무선통신망 미연계였다.

경찰, 소방, 지하철공사 등 각각의 기관은 서로 다른 무선통신망을 사용하고 있었고, 그로 인해 신속한 상황 공유와 구조 지휘가 이루어지지 않았다. 당시에는 기관사와 통제실의 무전 내용을 소방대원과 경찰이 들을 수 없었고, 심지어 사고 열차 간 교신조차도 불가능했다.

결국 화재 진압과 인명 구조는 충분한 정보 없이 출동한 상태에서는 늦어질 수밖에 없었고, 초기 대응의 지연은 많은 인명을 희생시키는 결과로 이어졌다. 현장에서는 휴대전화를 통해 보고를 주고받아야 하는 상황이 벌어졌고, 이러한 비효율적인 통신 환경은 국가 재난 대응 체계의 허점을 그대로 드러냈다.

이 사고를 계기로 재난안전통신망의 필요성이 절실히 대두되었고, 같은 해인 2003년 10월, 정부는 "통합지휘무선통신망 구축 계획"이라는 이름으로 대형 국가사업을 추진하게 된다. 하지만 사업은 주관 부처의 잦은 변경, 기술 방식에 대한 논란, 경제성 검토, 사업비 확보의 어려움 등으로 인해 수년간 지연되었다. 시간만 흘렀고, 재난 대응 시스템은 제대로 진척되지 못한 채 방치되었다.

세월호 참사와 재난안전통신망의 절박한 필요성

2003년 대구 지하철 화재 이후 무려 12년이 흘렀지만, 재난안전통신망은 여전히 구축되지 않은 상태였다. 그리고 2014년 4월 16일, 우리 모두의 가슴을 무너뜨린 세월호 침몰 참사가 발생했다. 이 참사는 대한민국 재난 대응 체계의 구조적 문제를 고스란히 드러낸 사건이었다. 당시 정부와 대책본부는 지휘 혼선과 정보 부족으로 우왕좌왕했고, 가장 중요한 골든타임을 놓쳐버렸다.

세월호 침몰의 최초 신고자는 한 고등학생이었다. 전남소방본부 119상황실로 걸려 온 신고 전화에서 학생은 "배가 침몰하고 있어요"라고 알렸다. 전남

〈세월호 사고〉

소방본부는 목포 해경으로 통화를 연결했고, 목포 해경은 학생에게 "위도와 경도가 어떻게 돼요?"라고 물었다. 당연히 학생이 그 정보를 알 수는 없었다. 이후, 세월호는 사고 해역과 가까운 진도해상교통관제센터가 아닌 제주해상교통관제센터와 먼저 교신했고, 제주해상교통관제센터는 다시 제주 해경에 연락을 취했다. 제주 해경은 사고 지역을 담당하는 목포 해경으로 연락하여 상황을 접수하게 된다.

사고 해역인 전남 진도 관매도 남쪽 해상은 일반 통신이 취약한 지역이었다. 카카오톡 등 일부 데이터 통신을 제외하고는 음성 통신조차 원활하지 않았고, 보고 체계도 3~4단계의 전달과 승인을 거쳐야만 중앙에 도달할 수 있었다. 만약 단일한 재난안전통신망이 존재했다면, 세월호에서 진도해상교통관제센터, 해경, 소방, 중앙 대책본부까지 직접 연결되어 신속한 구조 지휘가 가능했을 것이다.

세월호 사고는 대한민국 전역에 재난 대응 체계의 개혁 필요성을 강하게 각인시켰다. 이 사고를 계기로 12년간 지지부진하던 재난안전통신망 사업이 본격적으로 추진되었고, 2014년 5월부터 본격적인 준비에 들어갔다. 그리고 8년의 준비 끝에, 2021년 3월 재난안전통신망(PS-LTE: Public Safety LTE) 구축이 완료되었으며, 같은 해 5월 개통되었다. 총 1조 5천억 원 이상의 예산이 투입된 이 사업은 이제야 비로소 국민의 생명을 위한 국가 통합 재난 대응 인프라로 자리 잡기 시작한 것이다.

이태원 참사, 작동하지 않은 재난안전통신망

2022년 10월 29일 밤 10시 15분, 서울 이태원에서 대규모 압사 참사가 발생했다. 이 사고로 158명의 시민이 목숨을 잃고, 334명이 부상, 그중 한 10대 생존자는 참사 트라우마로 스스로 생을 마감하기도 했다.

〈이태원 압사 사고〉

대한민국의 심장을 울린 이 사건은 단순한 사고가 아니라 명백한 재난이자, 사회 시스템의 실패였다. 구축된 시스템, 그러나 작동하지 않은 현실, 정부는 막대한 예산을 들여 2021년 재난안전통신망(PS-LTE)을 구축했다.

그러나 정작 이태원 참사 당일, 재난안전통신망은 전혀 작동하지 않았다. 왜 재난안전통신망이 작동하지 않았을까? 기관 간 통신망이 달랐다. 경찰은 PS-LTE 통신망을 사용하고 있었지만, 소방은 여전히 기존의 UHF(극초단파) 무선통신망을 사용하고 있었다. 즉, 기술적으로 연결이 불가능한 상태에서 현장 대응을 시도한 것이다. 그리고 훈련이 없었다. 다중 운집 행사에 대비한 사전 훈련이나 통합 대응 시뮬레이션이 없었으며, 관련 기관들이 평소에 통신망을 어떻게 연동할 것인지에 대한 공동 훈련 경험이 부족했다.

산불 대응 훈련은 있었지만, 이태원과 같은 대규모 인파사고에 대비한 준비는 없었다. 결국, 구조와 대응을 위해 통합된 통신망이 있음에도 불구하고, 현장에서는 카카오톡 등 일반 메신저를 이용해 연락을 주고받는 비효율적인 상황이 벌어졌다. 이로 인해 피해자 구조와 현장 통제는 심각하게 지연되었다.

정부는 이 참사 이후, "통신망은 갖춰져 있었지만, 실제 현장에서 작동되지 않았다"고 인정했다. 이는 단순한 기술의 실패가 아니라, 교육, 훈련, 점검의 부재라는 제도적 실패였다. 제대로 운영되지 않은 시스템은 아무리 고도화되어도 무용지물이었다. "작동하지 않는 안전 시스템"은 결국 국민의 생명을 지켜주지 못했다.

오송 지하차도 참사, 분절된 통신망이 부른 또 하나의 재난

2023년 7월 15일, 충청북도 청주시 오송읍 궁평 제2지하차도에서 집중호우로 인한 급격한 침수로 14명의 소중한 생명이 희생되는 참사가 발생했다. 제방 둑이 터지면서 6만 톤의 흙탕물이 단 3분 만에 지하차도를 덮치면서, 차량이 갇힌 채 침수되는 전형적인 인재(人

災)였다.

경고는 있었지만, 전달은 없었다. 사고 발생 약 40분 전인 오전 8시경, 하천 범람과 지하차도 통제 필요성에 대한 다수의 제보가 접수되었고, 경찰은 이를 재난안전통신망을 통해 전파하였다. 그 내용은 "하천 범람 우려, 침수 가능성, 주민 대피 필요"였다. 소방당국도 주민 신고를 받고 인근 임시 제방 붕괴 우려에 따른 지하차도 침수 가능성을 사전에 감지하고 청주시에 알렸다.

〈오송 지하차도 침수 사고〉

하지만 정작 가장 중요한 기관인 도로 관리 주체인 충청북도에는 이 내용이 전달되지 않았다. 재난안전통신망은 중앙정부와 광역자치단체, 기초자치단체 중심으로 운영되는데 청주시와 일선 경찰서 사이망과 광역단체인 도와 시, 군 사이 망이 별도로 운영되어 애초에 공유가 되지 않았다. 결국 1조 5천억 원이 들었다는 재난안전통신망은 제 역할을 못한 것이다.

경찰은 통보했지만 도는 몰랐고, 시는 인지했지만 도로는 통제되지 않았다. 결국, 명백한 통신의 단절이 "사전에 막을 수 있었던 재난"을 참사로 바꿔 놓은 것이다.

미국의 경우는 2001년 9·11 사태 당시, 경찰 헬기가 세계무역센터에서 발생한 화재 장면을 촬영했으나, 이 영상이 실시간으로 경찰과 소방 당국에 전달되지 못한 문제가 발생했다. 이는 당시의 통신망이 재난 대응에 적합하지 않음을 드러낸 중요한 사례이다.

2005년 발생한 허리케인 카트리나 재해는 1,245명 이상의 사망·실종자를 발생시키며, 수천 채의 주

〈세계무역센터 화재〉

택과 건물이 파괴되었다. 당시 통신망이 끊기면서 연방정부, 주정부, 지방 정부 간의 정보 공유가 이루어지지 않았고, 이로 인해 현장 대응이 원활히 이루어지지 않았다. 구호물자와 의약품 전달에도 어려움이 있었고, 재난 관리 시스템의 부재로 피해는 더욱 커졌다.

이러한 경험을 바탕으로, 공공재난망의 일원화와 통합된 통신망의 필요성이 강하게 제기되었다. 이를 통해 재난 발생 시 신속하고 효율적인 대응을 할 수 있는 기반을 마련하고자 했다.

2012년, 미국은 국가공공안전광대역망을 구축하기 위해 FirstNet(First Responder Network Authority)라는 독립 기관을 설립하고, 70

억 달러(약 10조 원)의 예산을 투입하여 이 사업을 추진했다. 이 네트워크는 PS-LTE 방식을 사용하여 음성뿐만 아니라 사진, 비디오 등의 다양한 데이터를 재난 대응 관계자에게 빠르게 전달할 수 있게 설계되었다.

재난 발생 시 작동하는 재난안전통신망

이태원 참사와 오송 지하차도 참사와 같은 대형 재난을 겪으면서, 우리 사회는 재난 대응 체계 전반에 대한 근본적인 재검토의 필요성을 절실히 느끼게 되었다. 특히 각 기관의 분산된 통신망을 사용하는 현실은 상황 전파의 지연과 협업의 단절을 초래하였다. 이는 곧 구조대의 현장 진입 지연, 인파 통제 실패, 긴급 구조 활동의 비효율성으로 이어졌다.

실제로 재난 당시 경찰, 소방, 지자체 등 관계 기관 간 유기적인 협력이 제대로 이뤄지지 않았고, 정보 공유가 실시간으로 이뤄지지 않으면서 대응의 골든타임을 놓치는 결과를 낳았다.

이러한 문제를 해소하기 위해서는 기관 간 분산된 통신체계를 하나의 통합된 재난안전통신망으로 일원화하는 것이 시급하다. 현재 운영되고 있는 PS-LTE 기반의 재난안전통신망이 모든 유관 기관에서 실질적으로 활용될 수 있도록 제도적 기반을 마련하고, 이를 통한 실시간 음성·영상·데이터 통신이 원활히 이뤄질 수 있도록 통신 장비의 보급과 인력 교육이 병행되어야 한다. 또한 상황 발생 시 신속한 판단과 명확한 지휘 체계를 유지하기 위해 중앙과 지방, 각 부처 간의 실시간 정보 공유 시스템을 강화하고, 이를 기반으로 한 통합 지휘 플랫폼을 구축할 필요가 있다.

무엇보다도 각 기관의 협업 능력을 높이기 위해 정기적인 합동 모의 훈련과 실전 대응 시나리오 중심의 훈련이 뒷받침되어야 한다. 단순히 기술이나 시스템을 갖추는 것만으로는 충분하지 않으며, 그것을 실제로 어떻게 활용하느냐가 현장에서의 대응력을 결정짓는다. 따라서 재난 대응 체계의 중심에는 언제나 "현장 중심", "속도 중심", "협업 중심"의 시스템이 자리 잡아야 하며, 이를 뒷받침할 수 있는 재난안전통신망의 통합적 운영이 핵심 과제이다.

"재난을 막는 방법은 미리 준비하는 것이다."

비극으로 얼룩진 축제, 다중밀집사고

 2022년 10월 29일 발생한 이태원 참사는 온 국민의 가슴 속에 큰 상처를 남겼다. 나에게도 그 사건은 엄청난 충격으로 다가왔고, 슬픔과 불안에 빠져 한동안 마음고생을 많이 했다. 마침 내 아이들이 사고가 발생한 이태원 근처에서 직장과 학교를 다니고 있었다. 사고와 관련이 있을까 하는 걱정에 아이들에게 전화를 걸고 문자를 보내도 답장이 없어, 한동안 큰 불안에 시달렸다. 아이들의 안전을 확인하려는 부모의 간절한 마음은 그 누구보다 절실했을 것이다.

 이 사건은 나뿐만이 아닌 대한민국의 모든 부모들에게 큰 충격을 주었을 것이다. 자녀의 안전을 걱정하는 마음은 언제나 뼈아프게 다가오는 법이다. 대형 참사가 터지면, 우리는 언론과 방송을 통해 책임소재를 찾으려는 소동을 벌인다. "어떻게 저런 일이 일어날 수 있는 거야?", "정부는 도대체 무엇을 하고 있었던 거야?", "이 사고에 대해 누군가는 반드시 책임을 물어야 한다"는 질문들이 쏟아지곤 한다.

하지만, 이런 책임 추궁을 넘어서, 우리에게 진정으로 필요한 것은 무엇인가? 사고가 일어난 원인을 파악하고, 재발 방지를 위한 근본적인 시스템 변화가 필요하다.

〈사고 전 이태원 거리 인파〉

대형 참사가 발생하면, 우리는 마치 마녀사냥처럼 책임 있는 관련자를 집중 조명하고 그들의 책임을 묻는다. 법적인 위반 사항을 파헤치고, 평소에는 문제가 없었던 부실, 부패, 부정 등을 부각하며, 결국 사고에 대한 책임을 묻고 명분을 찾는 긴 재난 드라마가 끝이 난다. 그런데 이런 패턴은 우리나라에서 대형 참사가 발생할 때마다 반복된다.

그렇다면 우리는 왜 반복되는 대형 참사를 막지 못하는 것일까? 사고를 예측하지 못해서일까, 아니면 대비하지 못해서일까? 도대체 무엇이 문제일까? 이 질문을 던져본다.

이태원 참사와 같은 사례에서 주최자가 없는 행사라 하더라도, 많은 인파가 특정 시간과 장소에 집중될 것이라는 사실은 쉽게 예측할 수 있었다. 정부, 지자체, 경찰 등 관련 기관들은 사전에 이러한 예측을 바탕으로 사고 예방을 위한 안전조치를 강구할 수 있었을 것이다. 그러나 미처 적절한 대비책을 마련하지 못해 대형 참사를 예방하지 못한 안타까움이 여전히 남는다.

이태원 참사 발생 경위

2022년 10월 29일 토요일, 핼러윈 축제에 참여하기 위해 이태원에 13만 명이 넘는 인파가 모여들기 시작했다. 특히 해밀톤 호텔 부근의 좁은 골목길로 갑자기 많은 사람이 몰리면서 300명이 넘는 사상자가 발생하는 끔찍한 대참사가 발생한 것이다.

이 사고로 159명이 사망하고 197명이 다쳤다. 사망자는 남성이 57명, 여성은 102명으로 여성의 희생이 많았다. 남성보다 여성이 집중되는 압력에 더 취약할 수밖에 없기 때문이다. 사망자의 연령을 보면 10대가 13명, 20대가 106명, 30대가 30명으로 핼러윈 축제에 20대의 참여가 많아서 사망자도 20대가 많다는 것을 알 수 있다.

오후 10시경, 압사 사고가 발생한 곳은 해밀톤 호텔 서쪽 골목 저지대 중간이다. 내리막 골목길이었고 길이는 약 50m 정도이다. 골목 위쪽은 폭이 5m 정도였지만 아래쪽은 위에서 내려갈수록 좁아져 약 3.2m 정도였다. 사고는 폭 3.2m 아래쪽 골목에서 발생하였다.

〈위쪽에서 바라본 이태원 사고 현장〉

사람이 3~4명 정도 겨우 지나갈 수 있는 좁은 골목길이다. 사고는 많은 인파가 한꺼번에 몰리면서 길 위쪽에서 내려오려는 사람들과 아래쪽에서 올라가려는 사람들이 서로 뒤엉키면서 움직일 수도 없는 심각한 병목현상이 발생한다. 병목현상이 발생하면서 사람들이 서로 뒤엉켰다. 그런데도 사람들은 계속 몰리면서 압착된 자세로 구조를 기다려야만 하는 상황이었다. 하지만 해밀턴 호텔 골목으로 끊임없이 사람들은 몰려들었다.

사고 초기에는 위쪽에서 계속하여 밀고 내려오자 아래쪽 좁은 골목으로 사람들이 누적되어 갔다. 위쪽 인파가 세 차례 정도 강하게 밀치자 약 18톤의 충격으로 사람들이 넘어지는 이른바 도미노처럼 연쇄 넘어짐 현상으로 인해 아래쪽에 참변이 발생한 것이다. 골목 위쪽 사람들은 이때까지 상황이 심각하다는 것을 인지하지 못하고 계속하여 내려오고 있었다.

골목 아래쪽 인파에서 압사의 위험이 나타나자 일제히 "뒤로! 뒤로!"를 외치면서 위쪽 인파는 대부분 역주행으로 빠져나갔다. 그러나 이미 300여 명의 사람들은 의식을 잃거나 몸이 압착되어 빼내기조차 힘든 상태였다. 일부 사람들은 이미 외상성 질식이 진행되었고 밑에 깔린 사람들은 상태가 심각한 상황이었다. 좁은 골목길에서 많은 사망자가 발생할 수밖에 없었다.

〈아래쪽에서 바라본 이태원 사고 현장〉

사고를 키운 경찰의 늑장 대응

이태원 참사에서 압사 사고의 징후는 사고 발생 전부터 여러 차례 나타났다. 사고가 발생하기 약 4시간 전, 오후 6시 30분경부터 압사 사고가 발생할 수 있는 징후들이 보이기 시작했다. 오후 6시 34분경, 사고 지역에 있었던 한 시민은 경찰에 전화를 걸어 "이러다가 압사 사고가 발생할 것 같아요"라고 경고를 하였다. 당시 경찰은 이미 4시간 전부터 시민들로부터 사고 위험에 대한 신고를 받고 있었고, 압사 사고의 가능성에 대해 인식할 수 있었다. 이후, 시민들은 11차례에 걸쳐 경찰에 사고 발생의 위험을 알리는 신고 전화를 하였다.

그러나 경찰은 11차례의 신고에도 불구하고 매우 소극적으로 대응하였으며, 적절한 대응 조치를 취하지 않았다. 이로 인해 상황은 점점 악화되었고, 오후 8시 9분경에는 사람들이 서로 밀치고 넘어지고 있다는 신고가 접수되었다. 오후 9시에

〈이태원 사고 전 인파〉

도 같은 경고의 신고가 들어왔고, 오후 10시경에는 신고자의 전화에서 사람들의 비명 소리가 들리는 상황까지 발생했다.

이처럼 압사 사고의 위험 신호가 여러 번 접수되었음에도 불구하고 경찰의 대응은 단 4차례에 불과했으며, 그 대응이 지연된 것이 참사의 주된 원인 중 하나로 볼 수 있다. 만약 경찰이 시민들의 신고를 받은 즉시, 골든타임에 적극적인 조치를 했다면, 수많은 사람의 희생을 예방할 수 있었을지 모른다는 안타까운 생각이 든다.

다중밀집 상황에서의 사고

다중밀집사고(Human stampede, Crowd collapses)란 다수의 군중이 서로를 압박하면서 일어나는 사고로, 사람들이 넘어지거나 밀려서 사망하거나 부상을 당하는 상황을 말한다. 군중이 모일 때 발생할 수 있

는 사고는 여러 종류가 있으며, 그중 주요한 사고 유형은 군중 압착(Crowd crush), 군중 몰림(Crowd surge), 군중 무너짐(Crowd collapse)이다.

- 군중 압착: 군중이 밀려서 압박을 받으며 부상이나 사망에 이를 수 있는 상황
- 군중 몰림: 군중이 몰리면서 일어나는 사고로, 갑작스러운 밀림으로 인한 충돌을 유발하는 상황
- 군중 무너짐: 사람들 간의 압력이 너무 강해지면서, 군중들이 넘어지고 무너지는 상황

이런 사고에서 압사는 매우 치명적인 결과를 초래한다. 예를 들어, 65kg의 성인 100명이 압박을 가하면, 하단에 약 18t의 압력이 가해진다. 이렇게 강력한 압력이 가해지면, 대부분의 사고는 흉부 압박으로 인한 질식사로 이어진다. 갑자기 불어난 인파에 떠밀려 몸이 눌리면, 가슴에 강한 압박을 받아 폐에 산소가 공급되지 않게 된다. 그로 인해 산소 부족 상태에 빠지고, 결국 사망에 이르게 되는 것이다.

이러한 다중밀집사고로 잘 알려진 것은 1883년 발생한 영국의 빅토리아 홀 참사가 있다. 이 사고는 영국 선덜랜드 빅토리아 홀에서 발생하였다. 3세에서 14세 사이의 183명의 어린이들이 군중 압착에 의해 사망한 사고이다. 이 사고는 많은 어린이들이 선물을 받기 위하여 한꺼번에 몰리면서 앞쪽 인원은 갇혀버리고 뒤쪽 인원의 무게와 압력이 작용하여 발생한 사고이다. 빅토리아 홀 참사의 이전에도

대규모 군중에 의한 밀집으로 발생한 사고는 다수 있었다. 하지만 이 사고는 아이들이 희생되었다는 점에서 사회적으로 커다란 파장을 일으킨 사고였다.

우리나라에서 발생한 사고를 보면 1959년 부산공설운동장 시민위안잔치 때 3만 관중이 좁은 출구로 몰리면서 67명이 압사한 사고가 있었고, 1980년 부산 용호초등학교에서 전교생 조회를 위해 학생들이 급하게 몰려 나가다가 5명이 압사하였다. 또한 2005년 10월 경북 상주 시민운동장 콘서트에 약 5천 명이 일시에 몰리면서 11명이 숨지는 사고 등 여러 차례 압사 사고가 발생하였다.

외국의 사례

이태원 참사의 원인은 여러 가지가 있지만 다중밀집 상황에서 일방통행이 아닌 쌍방통행으로 인한 압사 사고이다. 이러한 형태의 다중밀집 압사 사고에 대한 외국 사례를 알아보자.

♦ 사우디아라비아 성지순례 압사 사고(2015년)

2015년 9월 24일, 사우디아라비아 메카 인근 미나(Mina) 지역에서는 전 세계에서 모인 약 200만 명 이상의 무슬림 순례자들이 성지순례 중 좁은 거리에서 쌍방향으로 동시에 이동하며 대규모 압사 사고가 발생했다. 사망자는 공식적으로 769명으로 발표되었지만, 실제로는 2,400명 이상이 숨진 것으로 추정된다. 사람들이 위험할 정도로 많이 몰리기도 하였지만 사우디 정부는 사고 원인이 일부 순례자들이 통제를 따르지 않았기 때문이라고 밝혔다.

〈2015년 사우디아라비아 성지순례 압사 사고 현장〉

하지만 이에 반해 이란의 국영방송에서는 사고의 원인을 사우디 왕자의 성지 방문을 위해 실행된 무리한 경호 때문이라고 주장했다. 사고 당일 모하마드 빈살만 알사우드 사우디 왕자가 성지순례에 참여하기 위해 행사에 도착하자 경호원들이 원래 순례객들의 이동 경로를 강제로 바꿨다. 이에 두 갈래로 이동할 수 있었던 길이 왕자의 경호로 한 길로 제한되면서 길이 막힌 순례객들이 전진하지 못하게 되어 걷잡을 수 없는 혼란을 초래했다는 것이다.

이 사고는 동선 분리와 군중 통제가 제대로 이루어지지 않았고, 긴급 대응도 지연되어 피해가 더욱 커졌다. 이는 대규모 인원이 사전에 예고된 행사에 모였는데 철저한 동선 관리와 통제가 이루어지지 않으면 참사로 이어질 수 있다는 점을 시사한다.

◆ 일본 아카시 불꽃축제 압사 사고(2001년)

2001년 7월 21일, 일본 효고현 아카시시에서는 여름 불꽃놀이 축제를 보기 위해 몰린 군중이 좁은 육교에서 쌍방향으로 통행하다가 압착되어 11명이 사망하고 183명이 부상을 입는 사고가 발생했다.

〈아카시 불꽃축제 압사 사고〉

사고 원인은 크게 2가지로 볼 수 있다. 첫째는 사고 발생지의 지형 구조에 있었다. 불꽃축제가 개최된 오오쿠라 해안과 오오쿠라 해안에서 가장 가까운 아사기리역 사이에 보행자가 다닐 수 있는 곳은 오직 아사기리역 남쪽 육교 하나뿐이었다. 남쪽 육교를 이용하지 않고서는 아사기리역으로 가는 길은 동쪽 건널목을 건너거나 서쪽 보도교를 건너 접근하는 방법이 있는데, 둘 다 최소 1km를 더 걸어서 멀리 돌아가는 길이었기 때문에 역까지 직통으로 가는 남쪽 육교에 사람이 몰릴 수밖에 없었다.

둘째는 경비 부실에 있었다. 아카시 불꽃축제의 경비는 민간경비

회사 니시칸과 효고현 경찰이 담당했는데 조사 결과 니시칸은 경비 계획을 제대로 세우지 않고 2000년 12월 31일 같은 장소에서 개최됐던 21세기 맞이 카운트다운 불꽃축제의 계획서를 이름만 바꿔서 제출하였다. 카운트다운 불꽃축제의 인파는 약 5만 5천 명이었고 아카시 불꽃축제의 인원은 약 13만 명이었다. 불꽃축제의 5만 5천 명의 인파에서도 문제가 발생하여 부상자가 발생했는데 똑같은 계획서로 2배 이상 규모의 행사에 적용한 것이었다. 즉, 협소한 공간에서의 쌍방향 통행과 경찰 등 통제 인력 부족, 그리고 현장의 혼란을 제대로 통제하지 못한 대응 실패였다. 이 사례는 지형적 제약과 공간적 한계를 무시한 인파 관리의 실패가 인명 피해로 직결될 수 있다는 교훈을 준 사례이다.

◆ **독일 러브 퍼레이드 압사 참사** (2010년)

2010년 7월 24일, 독일 뒤스부르크에서 열린 전자 음악 축제인 "러브 퍼레이드"에서 대규모 압사 참사가 발생했다. 약 150만 명이 몰린 이 행사에서 좁은 터널을 쌍방향 출입구로 활용하면서 군중 흐름의 병목현상을 일으키며 발생한 사고였다.

〈러브 퍼레이드 사고가 일어난 터널〉

경찰은 터널 양쪽과 메인 출입구에 저지선을 설치해 군중을 통제하려 했지만, 너무 많은 인원이 몰려드는 상황에서 저지선만으로는 이를 감당할 수 없었다. 결국 진입하려는 사람들과 퇴장하려는 사람들이 뒤엉켜 터널 내부에서 혼란이 발생했고, 군중 밀집으로 인해 움직일 수 없는 상황이 이어지면서 압사 사고로 번졌다. 이 사고로 21명이 사망하고 650명 이상이 부상을 입었다.

사고의 근본적인 원인은 비현실적인 입장 구조와 충분하지 않은 통제 인력, 그리고 군중의 흐름을 유기적으로 관리하지 못한 데 있다. 특히 출입구를 분리하지 않고 쌍방향 통행을 허용한 점은 군중 밀집 사고를 유발하는 치명적인 실수였다. 이 참사는 대형 행사에서의 군중 안전관리가 단순한 인력 배치에 그쳐서는 안 되며, 과학적인 동선 설계와 실시간 통제 시스템의 필요성을 일깨워 주는 대표적인 사례로 남았다.

다중밀집사고의 재발 방지 대책

다중밀집사고는 개인의 노력만으로는 예방에 한계가 있는 만큼, 공공기관과 전문가들의 체계적인 계획과 관리가 핵심적인 역할을 해야 한다. 특히 대규모 인원이 한 장소에 몰리는 상황에서는 사전에 수립된 안전계획과 현장 상황에 대한 실시간 모니터링, 그리고 돌발 상황 발생 시 신속한 대응이 무엇보다 중요하다.

사고 예방의 핵심은 군중의 밀도를 적정 수준으로 유지하고 통제하는 데 있다. 이를 위해서는 바리케이드나 펜스를 활용해 공간을 구획하고, 각 구역의 인원을 일정 수 이하로 제한하여 단계적으로 이동시키는 방식이 효과적이다. 이러한 공간 분할 방식은 군중이 한 지점에 과도하게 몰리는 것을 방지하는 데 도움이 된다.

보다 구체적인 방법으로는 CCTV와 같은 감시 장비를 활용해 주요 지점의 군중 흐름과 밀집도를 실시간으로 파악하고 분석하는 것이 필요하다. 이 정보를 기반으로 전체적인 군중 흐름을 예측하고, 과밀이 예상되는 구역에는 추가 인원의 유입을 차단하거나 기존 인원을 다른 구역으로 유도하는 등의 조치를 통해 밀도를 낮추는 것이 중요하다. 또한 비상 대응 인력이 현장에 접근할 수 있는 통로와 공간을 사전에 확보해 두는 것도 필수적이다.

이러한 통제는 단순한 현장 인력에 의한 임기응변이 아니라, 훈련된 군중관리 전문가나 책임자가 실시간으로 판단하고 조치해야 효과적이다. 아울러 군중 시뮬레이션이나 군중역학을 활용해 사전 시나리오를 점검하고, 그에 따라 대비책을 마련하는 것도 실질적인 예방책이 될 수 있다.

군중사고가 일어났을 경우 생존을 위한 개인의 대처법도 중요하다. 미국 질병통제예방센터(CDC, Center for Disease Control)에서는 군중 압착이 예상될 경우 복서 자세(두 팔을 가슴 앞에 두고 다리를 고정하는 자세)를 취할 것, 군중의 흐름을 억지로 거스르지 말고 따라갈 것, 틈이 생겼을 때 대각선 방향으로 빠져나갈 것, 벽이나 기둥을 잡고 버틸 것 등을 권고하고

〈태아자세〉

있다. 특히 넘어졌을 경우에는 몸을 태아처럼 웅크려 스스로를 보호하고, 가능한 한 빨리 일어나는 것이 생존 확률을 높이는 데 도움이 된다.

군중 압착 사고의 가장 큰 위험은 단순한 부상이 아닌, 호흡곤란에 의한 질식사이다. 넘어지지 않더라도 다수의 인원이 사방에서 압력을 가할 경우 가슴이 눌려 폐 기능이 상실되고, 이로 인해 산소 부족이 발생하여 생명을 잃는 경우가 많다. 이런 상황은 외관상 눈에 띄지 않기 때문에 더욱 위험하며, 예방을 위한 체계적인 대응이 절실하다.

미국의 경우 연방재난관리청(FEMA, Federal Emergency Management Agency)이 수립한 "특수 상황 비상 계획"을 기준으로, 좌석 없는 야외 행사에서도 1인당 최소 $0.3 \sim 0.5m^2$의 공간을 확보하도록 하고 있으

며, 1㎡당 2~3명 이상이 몰릴 경우 즉시 관리 조치를 하게 되어 있다. 또한 구조작업과 대피를 위한 여유 공간 확보 역시 매뉴얼에 포함되어 있어, 행사 전부터 철저한 대비가 이루어진다.

뉴욕 타임스 스퀘어에서 매년 열리는 새해맞이 행사에는 수백만 명이 모이지만, 철저한 공간 구획, 이동통로 확보, 경찰의 통제 덕분에 대형 사고가 거의 발생하지 않는다. 프랑스 또한 대형 행사 시 경찰 1만 명 이상을 배치하고, 바리케이드 설치와 경찰 투입을 통해 군중이 특정 구역에 몰리거나 혼란이 발생하지 않도록 관리하고 있다.

결론적으로, 다중밀집사고의 재발을 방지하기 위해서는 단순히 현장에서의 대응뿐 아니라, 사전에 위험을 예측하고 계획을 세우며, 실시간 대응과 사후 교육, 그리고 법적·제도적 기반 마련까지 통합적인 접근이 필요하다. 무엇보다 중요한 것은 "사람이 많은 곳 = 위험할 수 있다"는 인식을 바탕으로, 체계적이고 과학적인 군중 관리를 모든 행사 및 장소 운영에 기본 원칙으로 삼아야 한다는 점이다.

"A danger foreseen is half avoided"
미리 예견한 위험은 반쯤은 피한 것이나 다름없다.

속도에 중독된 사회가 놓친 것

　식당에 가서 음식이 맛없는 것은 참아도 늦게 나오는 것은 못 참는다. 에스컬레이터를 타면 그 짧은 시간을 못 참고 걷거나 뛰는 사람들, 엘리베이터는 문이 닫히는 데 평균 5~10초가량의 시간이 소요되는데, 빨리 닫히지 않는 엘리베이터 문이 답답하게 느껴져 계속하여 닫힘 버튼을 누르는 것이 한국에서는 자연스러운 행동이다. 내가 닫힘 버튼을 누르지 않아도 옆에 탄 사람이 대신 알아서 눌러준다. 엘리베이터 문이 빨리 닫히지 않는다고 짜증을 내는 사람도 종종 있기 때문에 엘리베이터에 탑승한 모두를 배려(?)하기 위해 묵시적으로 닫힘 버튼을 누른다. 그래서 우리나라의 엘리베이터 닫힘 버튼은 어딜 가나 사용 흔적이 많이 남아 있다.

〈엘리베이터 닫힘 버튼〉

　언젠가 독일에 방문해서 엘리베이터에 올라 한국에서 했던 것처럼 자연스럽게 닫힘 버튼을 찾았는데 아무리 찾아도 닫힘 버튼은 없었고 열림 버튼만 있었다. 아예 닫힘 버튼 없이 제작되어 나오는 것이다. 그때 한참을 생각하게 되었다. 왜 닫힘 버튼이 없을까? 만약에 우리나라에서 닫힘 버튼이 없는 승강기를 판매한다면 어떻게 될까?

한번은 제주에서 근무할 때 일이다. 서울행 비행기를 타고 김포공항에 도착했다. 승무원이 비행기가 완전히 정지할 때까지 자리에서 일어나지 말라고 당부한다. 그리고 비행기가 정지해도 통로가 협소해서 앞좌석 승객부터 차례로 내려야 내릴 수 있다. 그런데 다른 사람보다 먼저 내리려고 짐을 꾸리고 맨 앞으로 나가려고 한다. 비행기를 탈 때마다 느끼는 것이지만, 조금만 기다리면 안전하게 내릴 수 있는데 서두르는 모습을 보면서 안타까운 마음이 든다.

〈착륙 후 내리려고 대기 중인 승객〉

제주공항 뒤편으로 가면 활주로에서 비행기가 이·착륙하는 장면을 가까이서 볼 수 있다. 그런데 가끔 바람이 강하게 불면 비행기가 착륙할 때 활주로를 이탈할 수 있어 안전한 상태라고 판단되지 않으면 몇 번이고 재착륙을 시도한다. 심지어 착륙이 어렵다고 판단되면 회항하는 것을 뉴스에서 종종 들을 것이다. 절대 서두르거나 조급해 하지 않고 안전하다고 판단될 때까지 기다린다. 승객이 불편하더라도 안전을 최우선으로 생각하기 때문이다.

한국의 무선 인터넷은 세계에서 다섯 손가락 안에 꼽힐 정도로 빠르다. 스마트폰으로 인터넷 검색을 할 때 5초 이내에 작동하지 않으면 문제가 있다고 생각하고 짜증을 내곤 한다. 그래서 외국 이민자나 유학생들, 주재원들이 본국에 돌아가면 한국의 인터넷이 그립다고 말할 정도로 매우 빠르다. 또한, 도심 어디든지 무료로 와이파이를 자유롭게 쓰는 것도 부러워한다.

한국은 가장 못살던 나라에서 단기간에 경제강국의 반열에 들어간 세계 유일한 나라이다. 그런 빠른 성장이 유독 한국에만 가능하게 된 이유는 한국인의 속도 때문이다. 빨리빨리 문화는 좋든 싫든 70~80년대 한국의 경제성장에 기여한 부분이 상당하다. 세계 어디서도 볼 수 없던 대한민국의 빠른 기술 발전, 사회 변화가 그 사실을 증명하고 있다. 물론 빠른 사회 변화가 반드시 좋은 것은 아니고, 부실공사(삼풍 백화점 붕괴 사고, 성수대교 붕괴, 광주 현대산업개발 아파트 붕괴) 등의 폐단도 있었다.

한국인들의 서두르는 행동 습관은 산업현장에서도 깊게 뿌리내려져 있다. 안전사고가 발생하여 사고 내용을 조사해 보면 서두르지 않았으면 발생하지 않았을 사고가 많은 부분을 차지하고 있다. 일을 서두르다 보면 안전수칙을 준수하지 않거나 생략하는 등 불안전한 행동으로 연결될 수밖에 없다.

요즘 지게차에 의한 사고가 자주 뉴스에 나온다. 제조업체나 물류, 중량물 취급하는 곳은 대부분 지게차를 활용하여 운반작업을 실시한다. 그러나 급하게 서두르다 사고가 발생하는 일이 비일비재하다. 지게차 포크에 물류를 인양해서 운반할 때 전방 시야가 확보될 수 있도록 적정 용량만 운반해야 한다.

〈전방시야를 확보하지 않고 운전하는 지게차〉

그러나 운전자는 많은 양을 빨리 운반하기 위하여 시야가 확보되지 않도록 쌓고 운반하다 지나가는 근로자나 사람과 충돌해서 사망 등의 중대재해가 발생하는 경우가 많다. 운전자의 시야를 확보할 수 없을 정도로 높게 쌓아 운반한다면 후진으로 운전해서 최소한의 시야를 확보해야 하는데 이 또한 지키지 않아서 사고가 발생한다. 빨리 하려는 문화가 뿌리 깊은 한 사고는 항시 잠재해 있는 것이다.

배달, 퀵 등 이륜차에 의한 사고도 마찬가지이다. 한 해에 이륜차에 의한 교통사고 사망자 수가 556명(2023년)이다. 이륜차는 우리나라 전체 차량 대수의 약 8% 정도인데 사망자 수는 전체 교통사고 사망자의 20.9%에 해당된다. 이륜차는 차량 구조상 사륜차와 비교하여 주행 안정성이 낮아 교통사고에 취약하며 또한 교통사고 발생 시 탑승자의 신체가 고스란히 외부에 노출돼 심각한 부상으로 이어질 확률이 매우 높기 때문에 안전운전이 무엇보다 중요하다.

〈이륜차 사고〉

이륜차 사고가 자주 발생하는 주요 원인은 운전자들이 급하게 서두르며 교통법규를 잘 지키지 않기 때문이다. 빠르게 많은 일을 처리해야 수입이 늘어나기 때문에, 무리한 운전과 법규 위반이 빈번하게 발생하는 것이다.

그리고 우리의 빨리빨리 문화도 한 원인이다. 고객들은 끊임없이 빨리빨리를 요구하고 있기 때문이다. 그래서 배달앱을 보면 주문 시 요청사항에 "안전하게 배달해 주세요"라는 문구가 기본으로 되어 있다.

고객이 빠른 배달을 요구하면 배달근로자는 신호를 위반하고 과속으로 운전하여 사고가 발생한다. 속도를 줄이면 사람이 보이는데 말이다.

그러면 배달 오토바이는 왜 신호를 위반하고 무리하게 배달을 할까? 준법운행을 할수록 업주가 요구하는 사항을 다 해줄 수 없다. 음식을 다 준비했는데 늦게 오면 업주는 음식이 식는다고 짜증을 낸다. 거기다가 배달앱끼리 속도경쟁이 붙어서 번쩍배달, 치타배달 등 빠른 배달을 강요하고 있기 때문이다.

그러면 안전사고를 줄이기 위해서 "빨리빨리" 문화를 어떻게 개선해야 할까? 그것은 상당히 어려운 문제인 것 같다. 왜냐하면 위에서도 언급했듯이 이미 우리 몸속에 그 문화가 깊게 뿌리내리고 있고 그렇게 하는 것이 익숙하기 때문이다.

그러나 우리의 안전문화를 정착하기 위해서 개선해야 한다면 이것은 급하게 서둘러서 될 일이 아니라 장기적인 관점에서 점진적으로 개선해야 한다고 생각한다. 아이러니하게도 "빨리빨리"로 발생된 문제이지만 "빨리빨리" 해서 해결하기보다는 천천히 지속적으로 개선해야 한다. 세계 10위의 산업강국이 된 현시점에서 이제 여유를 갖고 모든 일을 처리하는 지혜와 생활방식의 변화가 필요하다.

"안전은 먼저 올바른 것들을 우선순위에 두는 것이다."
− 피터 드러커

에스컬레이터, 이제 멈춰야 할 발걸음

언제부터인가 에스컬레이터를 이용할 때 오른쪽에만 서 있고 왼쪽은 비워두는 것이 자연스러운 풍경이 되었다. 이를 흔히 "한줄타기"라고 부르며, 왼쪽은 바쁜 사람들이 걸어 올라가거나 내려갈 수 있도록 통로처럼 남겨두었다.

이처럼 많은 사람이 에스컬레이터에서 걷거나 심지어 뛰

〈한줄타기 에스컬레이터〉

기도 하는 모습은 쉽게 볼 수 있다. 하지만 이는 여러 차례에 걸쳐 위험하다고 지적되어 왔고, 안전사고가 빈번하게 발생함에도 불구하고 여전히 쉽게 사라지지 않고 있다. 그렇다면 사람들은 왜 위험을 무릅쓰면서까지 에스컬레이터에서 걷거나 뛰는 것일까?

에스컬레이터 한줄타기 문화는 정확한 시점을 특정하긴 어렵지만, 대략 1999년부터 시작한 것으로 추정된다. 당시는 아침 출근시간 등 바쁜 시간대에 급한 사람들을 배려하자는 취지에서 왼쪽 줄을 비워두고, 오른쪽에만 서서 타는 방식이 권장되었다. 이러한 문화는 2002년 한일월드컵을 계기로 더욱 확산되었고, 이후 전국적으로 널리 퍼지게 되었다.

그러나 시간이 지나면서 에스컬레이터에서 걷거나 뛰는 행위가 다양한 문제를 야기하기 시작했다. 걷거나 뛰는 사람과 가만히 서 있는 사람 사이의 충돌, 균형을 잃고 넘어지는 사고, 기계 고장 등이 빈번히 발생하자, 이에 대한 우려의 목소리도 커지기 시작했다. 그 결과 "에스컬레이터에서는 걷거나 뛰지 말자"는 안전 캠페인이 시행되었고, 이를 알리는 표지판이 설치되고 안내 방송도 곳곳에서 시행하였다. 그럼에도 불구하고 실제 이용자들의 행동은 쉽게 바뀌지 않았다.

〈에스컬레이터 안전표지〉

이후 20여 년간 한줄타기와 두줄타기 사이에서 정책은 오락가락

했다. 어느 시기에는 오른쪽에만 서는 한줄타기를 장려했다가, 어느 시기에는 안전을 이유로 두 줄 모두 서는 방식으로 유도하기도 했다. 이러한 혼란 속에서 시민들 사이에는 "사고 위험이 있으니 두 줄로 서야 한다"는 의견과 "한 줄로 타도 별문제 없다"는 입장이 공존하며 심리적인 갈등이 생겼고, 때로는 "비켜달라"는 언쟁이나 실랑이 같은 물리적 마찰로까지 이어지기도 했다.

두줄타기 캠페인은 2007년부터 2015년까지 약 8년간 정부기관과 여러 유관단체를 중심으로 적극적으로 시행되었다. 이는 한쪽 발판에만 하중이 집중되는 한줄타기 방식이 에스컬레이터의 고장률을 높이고, 안전사고 발생의 원인이 된다는 문제의식에서 비롯되었다. 당시 캠페인은 에스컬레이터에서 양쪽 모두 서서 타는 두줄타기를 권장하며, 이용자들에게 보다 안전한 승차 문화를 정착시키고자 했다.

그러나 이러한 시도는 결국 국민적 공감을 충분히 얻지 못한 채 2015년에 공식적으로 종료되었다. 캠페인의 근거가 빈약하다는 지적이 있었고, 특히 두줄타기와 사고율 사이의 뚜렷한 상관관계가 입증되지 않았다는 점이 큰 이유였다. 또한, 두줄타기로 인한 긍정적 효과보다 오히려 혼란과 불편을 호소하는 목소리가 많았으며, 실제 이용자들은 기존의 익숙한 한줄타기 방식에서 벗어나려 하지 않았다.

캠페인은 종료되었지만, "에스컬레이터에서는 걷거나 뛰지 말라"는 안전 수칙은 여전히 존재하고 있다. 이로 인해 현재의 상황은 매우 모호하고 혼란스럽다. 겉보기에는 한줄타기를 허용하는 것처럼 보이지만, 실제로는 걷거나 뛰지 말라는 규정이 유지되고 있으므로, 걷거나 뛰는 행동 자체는 여전히 규칙 위반이다. 다시 말해, 정부가 공식적으로 어떤 이용 방식을 권장하는지 명확하지 않아, 시민들은 "한줄타기를 하라는 건지 말라는 건지" 헷갈릴 수밖에 없다.

더 나아가, 걷거나 뛰는 이용자에게 경고 방송을 하거나 과태료를 부과하는 방안이 검토된 적도 있으나, 실제로 이를 시행한 사례는 거의 없었다. 제재가 없는 상황에서 "걷지 마세요"라는 안내는 사실상 권고에 그칠 뿐, 강제력이 없어 실효성에도 의문이 제기된다. 그럼에도 불구하고, 사고가 발생할 경우에는 책임은 오롯이 이용자에게 돌아간다. "걷거나 뛰지 말라"는 수칙을 어긴 것으로 간주되어, 사고에 대한 보상은 대부분 거절된다.

〈에스컬레이터 안전수칙〉

실제로 지하철 역사 내 에스컬레이터 사고의 약 99.6%는 안전수칙 미준수로 인한 사고로 분류된다. 대부분은 이용자가 손잡이를 잡지 않거나 에스컬레이터 위에서 걷거나 뛰다가 중심을 잃어 넘어지는 사례다. 특히 사람이 밀집된 시간대나 장소에서는 이와 같은 단순 사고가 연쇄 추돌이나 대형 사고로 번질 가능성도 높다. 예를 들어, 한 남성 승객이 에스컬레이터를 내려오던 중 핸드레일을 잡지 않고 걷다가 미끄러져 부상을 입은 사례가 있었다. 그는 치료비를 지하철 측에 청구했지만, 안전수칙을 지키지 않은 사고로 간주되어 보상은 거절되었다.

이처럼 에스컬레이터 이용과 관련된 규칙과 실천 사이에는 커다란 간극이 존재한다. 명확하지 않은 정책 방향, 책임의 모호성, 이용자 인식과 제도 간의 괴리 등 여러 문제가 복합적으로 얽혀 있다. 결국 이러한 상황은 단순히 이용자의 문제로 치부하기보다는, 제도적 차원에서 명확한 기준을 마련하고 이용자에게 일관된 방향을 제시해야 할 필요성을 시사한다. 에스컬레이터는 편리한 교통수단이지만, 동시에 잠재적인 위험을 내포한 기계라는 점을 인식하고, 모두가 안전하게 이용할 수 있도록 사회 전체가 함께 고민해야 할 시점이다.

※ 승강기 안전관리법

제46조(승강기 이용자의 준수사항) 승강기 이용자는 승강기를 이용할 때 다음 각 호의 안전수칙을 준수하여야 한다.
1. 승강기 출입문에 충격을 가하지 아니할 것
2. 운행 중인 승강기에서 뛰거나 걷지 아니할 것
3. 그 밖에 승강기 이용자의 안전에 관한 사항으로서 대통령령으로 정하는 사항을 준수할 것

또한 해외 사례를 살펴보면, 유럽을 비롯해 일본, 홍콩, 중국, 싱가포르 등 많은 국가에서 에스컬레이터에서의 안전사고 문제를 심각하게 인식하고 있다. 이들 국가에서는 한줄타기로 인해 발생할 수 있는 불균형한 하중, 고장 증가, 추락 사고 등의 문제를 해결하기 위해 한줄타기를 지양하고, 두줄서기를 권장하거나 "걷거나 뛰지 말 것", "핸드레일을 꼭 잡을 것" 등의 안전 수칙을 강조하고 있다. 결국 세계적인 흐름도 에스컬레이터를 단순한 이동 수단이 아닌 잠재적 위험 요소가 있는 기계로 인식하고, 그에 맞는 안전한 이용 방법을 요구하는 방향으로 가고 있는 셈이다.

이와 관련하여 저자가 직접 체험한 흥미로운 사례가 있다. 중국 청도를 방문해 칭다오 맥주 견학 코스를 둘러볼 때였다. 워낙 공간이 넓고 동선이 길다 보

〈칭다오 견학관 에스컬레이터〉

니 중간중간 에스컬레이터가 설치되어 있었는데, 함께 견학하던 한국인들은 자연스럽게 오른쪽에 일렬로 서서 한줄타기를 하고 있었다. 하지만 그 앞에 있던 중국인들은 한쪽에만 서지 않고 두 줄 모두에 자유롭게 서 있었고, 아무도 그것에 대해 불편해하거나 문제 삼지 않았다. 심지어 에스컬레이터 위에 설치된 안전 안내문에도 "서

서 핸드레일을 잡으세요"라는 메시지만 있을 뿐, 어느 쪽에 서야 한다는 안내는 없었다.

　같이 견학하던 일행 중 누군가가 찍은 사진에 이 장면이 고스란히 담겨 있었는데, 한쪽에만 서 있는 사람들은 전부 한국인이고, 양쪽에 자연스럽게 서 있는 사람들은 모두 중국인이었다. 이 장면은 단순한 문화 차이를 넘어, 에스컬레이터 이용에 대한 안전 인식과 생활 습관의 차이를 여실히 보여주는 사례였다. 한국인들에게는 너무나 익숙한 한줄타기가 다른 나라 사람들에게는 오히려 어색하거나 불필요한 행동으로 보일 수 있는 것이다.

　에스컬레이터에서 사람들이 걷거나 뛰는 가장 큰 이유 중 하나는, 그 속도가 너무 느리다고 느껴지기 때문이다. 특히 바쁜 출근길이나 급히 이동해야 하는 상황에서는 가만히 서 있기보다 직접 걷는 것이 시간 절약처럼 느껴진다. 이러한 행동은 단순히 습관이나 성향만의 문제는 아니다. 실제로 에스컬레이터의 운행 속도는 많은 이용자에게 "답답하게 느껴질" 만큼 느리게 설정되어 있기 때문이다.

〈에스컬레이터 안전캠페인 표지〉

해외 사례와 비교해 보면 그 차이는 더 분명해진다. 홍콩, 유럽 등 주요 도시 지하철에서는 에스컬레이터의 속도가 우리나라보다 상대적으로 빠르다. 우리나라 역시 국제표준에 맞춰 최고 허용 속도는 정해져 있지만, 실제 운행 속도는 이 기준에 크게 못 미치는 수준이다. 예를 들어, 경사도가 30도 이하인 에스컬레이터의 경우 국제 안전표준 최대 속도는 초속 0.75m(분속 45m)로 규정되어 있다. 그러나 우리나라 지하철 역사 내 에스컬레이터는 대부분 초속 0.5m(분속 30m), 즉 최대 허용 속도의 70% 수준에도 미치지 않는 속도로 운행되고 있다.

더욱이 최근에는 고령자의 이용 증가에 따른 안전사고를 우려해 속도가 추가로 감소하는 추세다. 우리나라 지하철 내 에스컬레이터 이용자의 약 20% 정도가 65세 이상의 고령자로, 이들 중 상당수가 에스컬레이터 이용 중 넘어지는 사고를 경험하고 있다. 통계에 따르면 월 평균 4.5회 이상 고령자 낙상 사고가 발생하고 있으며, 이는 곧 전체 이용자 안전에 영향을 줄 수 있는 요소가 된다. 이에 따라 지하철 역사 내 일부 에스컬레이터는 초속 0.42m(분속 25m) 수준으로 더 낮춰 운행되고 있다.

2015년, 런던 지하철에서는 에스컬레이터 이용 방식에 대한 흥미로운 실험이 진행되었다. 이 실험은 기존의 한쪽 줄만 서고 다른 한쪽은 걷는 사람을 위한 통로로 비워두는 방식(한줄타기)과, 양쪽 모두에 사람들이 서서 이동하는 방식(두줄타기)을 비교하는 것이었다. 실험 결과는 매우 주목할 만했다. 일정 시간 동안 두줄서기를 했을 때, 한줄서기보다 약 28% 더 많

〈런던의 에스컬레이터〉

은 사람이 에스컬레이터를 통해 이동할 수 있었던 것이다. 이 실험은 에스컬레이터에서 "걷지 않고 모두가 서 있을 경우"의 수송 효율성을 명확히 보여주는 사례로, 도시 내 대중교통의 효율을 고민하는 많은 국가들에게 시사점을 주었다.

에스컬레이터의 수송 능력 자체도 속도에 따라 큰 차이를 보인다. 예를 들어, 에스컬레이터가 초속 0.75m(분속 45m)로 운행될 경우, 최대 시간당 8,200명까지 이동시킬 수 있다. 반면 속도를 초속 0.5m(분속 30m)로 낮추면, 수송 가능 인원은 6,000명 수준으로 줄어든다. 단순히 "빠르냐 느리냐"의 문제가 아니라, 대중교통 체계 전체의 운영 효율성과도 직결되는 수치인 것이다.

그렇다면 왜 두줄서기에서 수송량이 더 많을까? 이유는 간단하다. 걷는 사람을 위한 공간을 남겨두기 위해서는 여유 공간이 필요

하고, 이는 결과적으로 에스컬레이터 위의 공간 활용도를 낮추게 된다. 반면 모든 사람이 양쪽에 나란히 서 있을 경우, 공간이 최대한 효율적으로 사용되기 때문에 더 많은 인원이 동시에 이동할 수 있게 된다. 즉, 개개인의 빠른 이동보다는 전체 인원의 원활한 흐름이 두 줄타기를 통해 가능해지는 것이다.

중국과 유럽 등 여러 나라에서는 이러한 효율성과 안전성을 고려해 에스컬레이터 속도를 초속 0.65m(분속 39m) 정도로 설정하고 있다. 이 속도는 비교적 빠르면서도 위험하지 않은 수준으로, 대부분의 승객이 걷거나 뛰지 않아도 이동에 불편을 느끼지 않도록 설계된 것이다. 특히 중국은 에스컬레이터 승하차 시 "핸드레일을 잡으세요"라는 안내 방송을 반복적으로, 큰 소리로 송출하면서 승객들에게 안전한 이용을 지속적으로 주지시키고 있다. 이는 승객의 행동을 자연스럽게 유도하고, 사고를 예방하는 효과적인 방식으로 작용하고 있다.

유럽의 에스컬레이터 안전 기준을 살펴보면 흥미로운 차이가 있다. 대부분의 나라에서는 "걷거나 뛰지 마세요"라는 문구가 명시되어 있지 않다. 대신 안전표시는 오직 "손잡이를 잡으세요(Hold the handrail)"라는 메시지에 집중되어 있다. 특정 행동을 제한하기보다는 모든 상황에서의 기본적인 안전 습관에 중점을 두고 있다.

이러한 접근은 이용자의 행동을 통제하기보다는 스스로 안전을 인식하고 책임지도록 유도한다는 점에서 매우 실용적이다. 걷거나 뛸 수 있는 가능성을 완전히 배제하지 않되, 그로 인한 위험을 최소화할 수 있도록 손잡이 잡기에 집중하는 것이다. 이는 규제를 최소화하면서도 안전을 확보할 수 있는 방식으로 볼 수 있다.

반면, 우리나라의 경우는 조금 다르다. "걷거나 뛰지 마세요"라는 경고성 문구와 함께, 에스컬레이터에서 "서서 타야 한다"는 암묵적 규범이 강조된다.

〈에스컬레이터 안전수칙〉

이로 인해 오히려 걷는 사람과 서 있는 사람 사이에 충돌과 갈등이 생기고, 규칙을 해석하는 데 있어 혼란이 가중된다. 게다가 "걷지 말라"고 하면서도 여전히 한쪽을 비워두는 한줄타기 문화가 존속되고 있는 현실은 정책의 일관성 부족을 보여준다.

이런 점에서 우리나라도 안전 메시지를 "손잡이를 꼭 잡으세요"

라는 핵심적이고 일관된 방향으로 단순화하고 집중할 필요가 있다. 걷는 것을 일부 상황에서 용인하거나 우선권을 부여하는 분위기는, 오히려 서 있는 승객에게 불안감을 주고, 사고 발생 시 더 큰 피해를 초래할 수 있다. 특히 사람이 많은 시간대에는 걷는 행위 자체가 주변 사람의 중심을 흔들거나 충돌을 유발할 수 있으며, 이는 고령자나 어린이, 임산부 등 사회적 약자에게 더 큰 위협이 된다.

◆ 걸어 올라가는 쪽에 가만히 서 있어 보자.

혼잡한 지하철역, 북적이는 출근길. 에스컬레이터는 말 그대로 움직이는 계단이지만, 많은 사람에게는 지체되는 공간처럼 느껴진다. 그래서 사람들은 서 있기보다는 걷고, 급하면 뛰기까지 한다. 하지만 만약 당신이 정말로 작은 변화를 만들어내고 싶다면, 그 걷는 쪽에 조용히 서 있어 보는 건 어떨까? 당신의 그 선택이 어쩌면 한 명의 영웅적 실천이 될 수 있다.

에스컬레이터의 좌우 모두에 사람들이 나란히 서 있을 때, 그 공간은 훨씬 더 많은 사람을 효율적으로 이동시킬 수 있다. 앞서 언급했듯이, 런던 지하철의 실험 결과도 이를 증명한다. 걷지 않고 양쪽에 모두 서 있기만 해도 약 28% 더 많은 사람을 수송할 수 있었다. 그러니 걷는 사람을 위해 한 줄을 비워두는 배려가 오히려 전체 사회의 흐름을 늦추는 아이러니한 상황을 만든 셈이다.

저자는 평소 에스컬레이터를 탈 때 일부러 왼쪽, 그러니까 보통 사람들이 걷는 쪽에 가만히 서 있어 보았다. 놀랍게도 많은 사람이 비켜달라고 요구하지 않았다. 간혹 누군가 요청하면 조용히 비켜주고, 그 외에는 큰 마찰도 없다. 그렇다면, 우리 모두가 조금만 용기 내어 동참한다면 어느 순간 자연스럽게 두 줄 타기 문화가 정착될 수 있지 않을까?

사실 에스컬레이터에서 걷다 보면 의도치 않게 앞사람과 부딪히는 일이 종종 생긴다. 그러나 걷는 것을 멈추면, 부딪힘도 사라지고 서로의 안전도 지킬 수 있다. 그렇게 조용히 서서 주위를 둘러보면, 어느새 바쁜 일상에서 잠시나마 숨을 돌릴 수 있는 시간이 된다. 이것은 명상도 아니고, 대단한 철학도 아니다. 단지 서로를 배려하고, 자신을 한 박자 쉬게 하는 작은 실천일 뿐이다.

현대 사회는 빠름에 익숙해져 있다. 빠른 인터넷, 빠른 배송, 빠른 이동. 하지만 그 빠름 속에서 우리는 자주 부딪히고, 다치고, 불편해진다. 그렇다면 이제는 느림의 미덕을 되새겨볼 때다. 에스컬레이터는 그 느림을 실천할 수 있는 아주 좋은 공간이다. 걷지 않고 가만히 서서 이동하는 것만으로도, 우리는 더 많은 사람과 안전을 공유할 수 있다.

안전한 사회는 제도만으로 만들어지지 않는다. 한 사람 한 사람의 선택과 행동, 그 작은 변화들이 모여 비로소 문화가 된다. 이미 굳어져 버린 습관을 바꾸는 일은 쉽지 않다. 하지만 그렇기 때문에 더더욱 우리 모두의 연대와 용기 있는 실천이 필요하다. 다음에 에스컬레이터를 탈 때, "왼쪽에 서 있는 사람"이 되어보자. 그 조용한 용기가, 오늘 하루를 조금 더 여유롭고 안전하게 만들 수 있을지 모른다.

"위험을 인식하는 것이 안전의 첫걸음이다."

나의 생명을 위협하는 스마트폰

2023년 12월 14일, 퇴직을 앞둔 초등학교 동창생 11명이 함께 여행을 떠나는 중 안타까운 대형 교통사고가 발생했다. 이들은 승합차를 타고 이동하던 중, 앞 차량이 끼어드는 바람에 급브레이크를 밟게 되었고, 뒤따라오던 버스가 이를 미처 피하지 못하고 그대로 승합차를 추돌했다.

〈출처, 충북소방본부, 시속 95km로 달리던 버스와 추돌한 승합차〉

문제는 버스 운전기사가 시속 95km의 속도로 달리며 스마트폰을 보고 있었다는 점이다. 운전자가 스마트폰을 본 시간은 불과 2~3초였지만, 그 짧은 순간이 치명적인 결과를 불러왔다. 이 사고로 인해 4명이 사망하였고, 다른 탑승자들도 크고 작은 부상을 입었다.

운전 중 스마트폰 사용은 매우 위험한 행위임에도 불구하고, 많은 운전자들이 이를 가볍게 여기는 경향이 있다. 그러나 실제로 스마트폰을 보느라 전방을 주시하지 못하는 단 몇 초 동안에도 차량은 수십 미터를 돌진하며, 돌발 상황에 제대로 대응할 수 없게 된다. 위의 사고 또한 "아차" 하는 순간 발생한 것으로, 운전 중 부주의한 행위가 얼마나 큰 참사로 이어질 수 있는지를 여실히 보여주고 있다.

〈운전 중 스마트폰 사용〉

여러분은 혹시 운전 중이나 보행 중에 스마트폰을 사용한 적이 있는가? 요즘은 스마트폰이 생활의 필수품이 된 지 오래다. 가족이나 친구보다 더 가까이 있는 존재처럼 여겨질 정도로 우리의 일상에 깊이 자리 잡고 있다. 아침에 눈을 뜨는 순간부터 잠들기 전까지,

우리는 스마트폰을 통해 뉴스를 확인하고, 메시지를 주고받으며, SNS를 둘러보는 등 수많은 일을 처리한다. 그만큼 스마트폰은 분명 우리에게 큰 편리함과 효율을 제공해 주는 도구이다.

그러나 이러한 편리함 뒤에는 '스마트폰 중독'이라는 새로운 사회적 문제가 숨어 있다. 지나치게 스마트폰에 집착하거나 과도하게 사용하게 되면 건강은 물론, 안전에도 심각한 위험

〈스마트폰 중독〉

이 따르게 된다. 특히 운전 중이나 보행 중 스마트폰을 사용하는 것은 매우 위험한 행동이다. 잠깐의 시선 이동이나 주의력 저하가 큰 사고로 이어질 수 있기 때문이다. 실제로 스마트폰 사용으로 인한 교통사고 사례는 해마다 증가하고 있으며, 이로 인해 무고한 생명이 희생되는 안타까운 일도 자주 발생하고 있다.

스마트폰은 잘 사용하면 유용한 도구이지만, 잘못 사용하면 삶의 질을 떨어뜨리고 때로는 생명을 위협하는 흉기가 될 수 있다. 이제는 스마트폰 사용에 대한 자각과 절제가 무엇보다 필요한 때이다. 특히 운전 중이나 길을 걸을 때는 스마트폰을 잠시 내려놓고, 주위

를 살피는 기본적인 안전의식을 되새기는 자세가 필요하다.

교차로에서 신호 대기 중인 운전자가 신호가 바뀌었음에도 그 짧은 시간에 스마트폰을 보느라 출발하지 않는 경우를 자주 볼 수 있다. 뒤차에서 경적을 울리면 그제야 출발하는 모습은 더 이상 낯설지 않다. 보행자 역시 스마트폰을 보면서 도로를 걷는 경우가 많다. 심지어 계단을 오르내리거나 횡단보도를 건널 때조차 스마트폰에서 눈을 떼지 않는 모습도 흔하다. 실제로 스마트폰 사용과 관련된 사고는 전 세계적으로 꾸준히 증가하고 있으며, 경미한 사고를 넘어 사망 사고로 이어지는 사례도 발생하고 있다. 그래서 스마트폰 사고로 전 세계가 골치가 아플 정도이다.

사용량에서도 하루 종일 손에서 떨어지지 않고 잠들기 직전까지 쳐다보고 잠자리에서 일어나자마자 확인하는 등 거의 하루를 스마트폰으로 시작해서 끝나는 것이 현실이다. 우리나라 사람들이 하루에 스마트폰을 사용하는 시간은 평균 약 5시간 정도이다. 물론 업무, 나이별로 사용하는 시간에 차이가 많이 발생한다. 업무에 사용량이 많고 젊은 층일수록 사용 시간이 길고 연령이 높을수록 상대적으로 사용 시간은 적다. 스마트폰을 열어보는 횟수도 평균적으로 하루에 약 100회 정도라고 한다. 잠자는 시간을 제외하면 7분에 한 번꼴로 열어보는 것이다. 스마트폰 중독은 하루 6시간 이상 사용하고 6개월 이상 지속된다면 중독이라고 할 수 있다. 다음 그림의 설명을 따라 스마트폰 앱 설정에 들어가서 사용시간, 사용 웹, 운전 중 사용시간, 보행 중 사용시간 등을 확인할 수 있다.

스마트폰 사용 정보(갤럭시)

설정 – 디지털 웰빙 및 자녀보호기능 – 📊 누르기 – 일일 사용시간, 사용한 웹, 운전 중 사용시간, 보행 중 사용시간 확인이 가능하다.

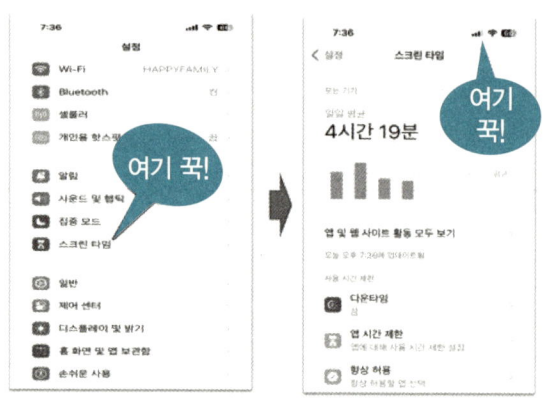

스마트폰 사용 정보(아이폰)

설정 – 스크린 타임 – 📊 누르기 – 일일 사용시간, 많이 사용한 웹, 운전 중 사용시간, 보행중 사용시간 확인이 가능하다.

한번은 어떤 강연에서 "만약에 출근을 하는데 회사에 거의 도착해서 스마트폰을 집에 두고 온 것이 확인되면 어떻게 하겠느냐?"고 질문을 던졌다.

교육생들은 40~50대가 주류를 이루고 있었는데 거의 대부분이 일단 출근을 하고 다시 집으로 돌아가서 스마트폰을 가져온다고 대답했다. "왜 굳이 가지러 가려 하느냐"고 되묻자, 회사업무와 개인적인 문제 때문에 어쩔 수 없다고 했다. 이어서 "하루 정도 스마트폰 없이 생활하는 것은 어떻게 생각하느냐?"라고 질문하니 대부분이 스마트폰이 없이는 불안하다는 것이다. 전화, 메시지, 은행업무, 증권, SNS, 회사업무 등 모든 일을 스마트폰이 없으면 아무것도 할 수가 없는 세상이 되어버렸다. 그러나 문명의 편리함만 있는 것은 아니다. 여러 가지 부작용이 발생하는 것도 현실이다. 이렇게 우리들의 일상생활에 깊숙이 파고든 스마트폰 때문에 발생할 수 있는 안전사고와 건강문제는 심각한 사회적 문제로 대두되고 있다.

스몸비로 인한 안전사고

스마트폰과 좀비를 합성한 '스몸비'라는 신조어가 있다. 스몸비(smombie)는 고개를 푹 숙이고 스마트폰만 보며 걷는 모습이 좀비를 닮았다고 해서 붙여진 이름이다. 2015년 독일에서 처음 만들어져 지금은 전 세계가 사용하는 용어이다. 좀비와 같이, 스몸비족은 주변 환경은 무시한 채, 목표물만 바라보며 걸어간다. 길을 걸을 때 주변의 행인이나 사물, 특히 차량을 인지하고 조심해야 하는데 두 눈과 두 귀를 스마트폰에 집중하다 보면 예측하지 못한 위험에 노출되는 일이 많다.

스마트폰을 사용하면서 걸을 경우 시야 폭은 56% 감소, 전방 주시율은 15% 감소하게 된다. 따라서 스마트폰을 쓰지 않고 걸을 때의 속도인 초속 1.38m보다 느린 초속 1.31m로 걷기 때문에 신호 변경이나 돌진하는 차량, 사물, 바닥 상황 등에 대한 인지와 대처가 늦어 사고 발생률이 높아진다.

스마트폰에 빠져 주변을 살피지 않고 걸어 교통사고가 증가하고 있다. 보행자 교통사고를 줄이려면 운전자 못지않게 보행자의 안전의식도 중요한데, 여전히 많은 이들이 걸으면서 스마트폰을 사용하는 것이다.

〈무단횡단 중 스마트폰 사용〉

어느 날 업무차 어떤 회사를 방문했는데 계단과 계단 사이의 공간에 "계단을 오르내릴 때 스마트폰을 사용하지 말아 주세요. 위험

해요"라는 문구가 붙어 있었다. 그래서 회사관계자에게 물어보니 얼마 전에 직원이 스마트폰을 보다가 계단에서 굴러서 크게 다쳤다는 것이다. 지금은 병원에 입원해서 치료 중인데 그나마 머리 쪽을 다치지 않아서 다행이라고 하였다. 실제로 세계 각국에서는 육교나 계단을 내려오다가 발을 헛디뎌 큰 사고가 발생하고 심지어 사망에 이르는 경우도 있다.

세계 각 나라들은 스마트폰 안전을 위하여 나름대로 자구책을 마련하고 있다. 스웨덴의 수도인 스톡홀름과 홍콩에도 거리에 "휴대폰만 보며 걷지 말라"는 경고문과 표지판이 등장했다. 미국 샌프란시스코와 중국 충칭은 스마트폰 사용자 전용 도로를 만들어 일반 보행자와 분리시켰다.

중국에서는 머리를 푹 숙이고 다니는 사람들을 디터우족이라 하고 스마트폰을 볼 때 고개 숙인 모습을 뒤에서 보면 마치 머리가 없는 것 같다 해서 우터우아보(머리 없는 아저씨)라는 말까지 생겨났다. 시도 때도 없이 스마트폰을 들여다보는 사람들이 늘면서 보행 중 스마트폰 사용으로 인한 교통사고도 급증하고 있다.

중국 시안에는 스마트폰을 보느라 고개를 숙인 디터우족을 위한 전용 도로가 설치됐다. 도로 바닥에는 "스마트폰 전용 통로"라는 글이 새겨져 있다. 스마트폰 모양의 그림과 함께 어디로 가야 할지 방향을 알려주는 화살표도 있다. 이 전용 도로의 옆에는 스마트폰을 사용하면 안 되는 보도가 함께 설치되어 있다. 스마트폰을 주시하는 보행자와 일반 보행자 간의 충돌을 막고자 하는 아이디어이다.

전 세계적으로 보행 중 스마트폰 사용이 늘면서 외국에서는 관련 법안들을 시행 중이다. 미국은 스마트폰 사용으로 인한 사고가 계속하여 발생하자 일부 주에서 "공공 도로를 걷거나 자전거를 탄 상태에서 스마트폰을 사용하면 처벌하는 법안"을 채택했다.

하와이주 호놀룰루는 길을 건널 때 스마트폰을 보는 주민들에게 벌금을 부과한다. 보행 중 스마트폰을 이용하다 첫 번째 적발될 경우 15~35달러의 벌금을 부과하고 1년 이내에 두 번째 적발되면 35~75달러, 세 번째 적발되면 75~99달러로 벌금이 올라간다.

산업현장도 스마트폰 사용으로 사고가 급증하는 추세이다. 그래서 사업장 내 스마트폰 사용을 규제하는 기업들이 증가하고 있다. 삼성, 볼보, SK, 보잉, GM 등 대기업들은 작업이나 보행 중 사용을 제한하고 있다. 쿠팡의 경우는 물류센터의 특성상 화물차, 지게차의 운행이 많아 스마트폰에 의한 사고가 증가하자 스마트폰 반입을 규제하였다. 그러자 노조에서 국가인권위원회에 사업장 내 스마트폰 반입금지 결정에 대하여 이의를 제기하였다. 국가인권위원회는 근로자의 통신의 자유도 중요하지만 스마트폰과 관련하여 안전사고가 증가하기 때문에 전면 허용을 허가하지 않는 것이 바람직하다는 의견을 제시하기도 하였다.

실제로 최근에 사업장에서 지게차 운전 중 사각지대에서 보행자가 스마트폰을 보고 지나가다가 지게차와 충돌하여 사망하거나, 프레스 작업 중 스마트폰을 보고 작업하다가 팔이 프레스에 눌리는 끔찍한 사고가 발생하기도 했다.

애플의 창업자 스티브 잡스는 아이폰과 아이패드를 개발한 인물이지만, 아이러니하게도 집에서는 자녀들의 스마트기기 사용을 엄격히 제한한 것으로 알려져 있다. 이는 단순한 통제가 아니라, 인간은 기술을 도구로 활용해야지 기술에 종속되어서는 안 된다는 사실을 가르친 것이다. 가끔은 스마트폰을 내려놓고 책을 읽거나, 조용한 음악을 들으며 사색에 잠기거나, 바깥 풍경을 바라보며 뇌와 마음에 휴식을 주는 시간을 갖는 것이 필요하다.

"A little neglect may breed mischief"
사소한 부주의가 큰 불행을 야기한다.

학교 안전교육, 이대로 괜찮은가?

우리는 언제나 "안전이 중요하다"고 강조한다. 하지만 기성세대는 과연 어릴 때부터 안전의 중요성을 체계적으로 배우고 실천할 기회를 충분히 가졌던가? 적어도 저자가 살

〈안전교육 장면〉

아온 시기를 돌이켜보면, 초·중·고등학교를 다니는 동안 "안전교육"이라는 이름의 교육을 받은 기억은 거의 없다. 학교에서 배운 안전에 대한 지식이라곤 재난 대비를 위한 민방위 훈련 정도가 전부였던 것 같다. 그것도 대부분이 화생방 훈련이나 공습 대피 훈련처럼, 실제 생활에서 일어나는 사고에 대비하기보다는 전시에 대비한 형식적인 훈련에 가까웠다.

그렇다면 우리의 아이들은 안전교육을 받고 있을까? 2014년, 교육

부는 『교육 분야 안전 종합대책』을 마련하고, 『학교안전교육 실시 기준 등에 관한 고시』를 제정하였다. 이에 따라 교육부와 시도교육청은 『학교안전교육 7대 표준안』을 개발하여 시행하고 있다. 이 표준안은 유치원부터 고등학교까지 학년별 특성을 고려하여 설계되었다.

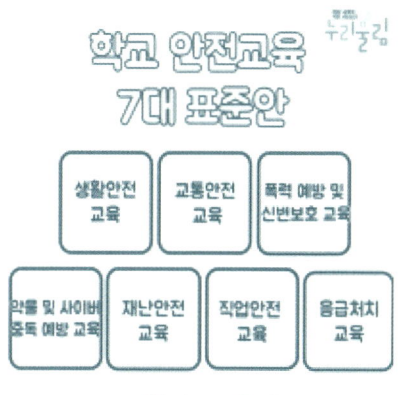

〈출처 : 교육부〉

안전교육의 내용은 △생활안전 △교통안전 △폭력예방 및 신변보호 △약물 및 사이버 중독 예방 △재난안전 △직업안전 △응급처치 등 총 7개 영역으로 구성되어 있다.

오늘날 우리 아이들은 적어도 제도적으로는 체계적인 안전교육을 받을 수 있는 환경 속에 있다. 하지만 이러한 제도와 시스템이 효과를 발휘하기 위해서는 학교, 교사, 학부모, 사회 전체의 협력과 관심이 필요하다. 아무리 잘 만들어진 교육과정이라 하더라도, 그것이 실제 교실에서 형식적으로만 이루어진다면 아이들에게 실효성 있는 안전을 가르치는 것은 어렵기 때문이다.

또한, 기성세대가 어릴 적 받지 못했던 안전교육의 공백을 스스로 인식하고 채워나가려는 노력도 필요하다. 어릴 때 배우지 못했다고 해서 그 책임을 다음 세대에게만 떠넘길 수는 없다. 지금이라도 우리는 안전에 대해 다시 배우고, 실천하며, 아이들에게 좋은 본보기가 되어야 한다. 아이들이 배우는 가장 강력한 교육은 결국 "어른들의 행동"이기 때문이다.

이제 안전은 더 이상 재난 상황에서만 생각해야 할 문제가 아니다. 일상에서의 작은 실천 하나가 더 큰 사고를 막을 수 있다. 체계적인 교육과 함께, 생활 속 실천이 병행될 때 비로소 안전은 문화가 되고, 습관이 되며, 사회 전체의 가치가 된다.

(단위: 단위활동, 차시)

구분		생활 안전 교육	교통 안전 교육	폭력 예방 및 신변 보호 교육	약물 및 사이버 중독 예방 교육	재난 안전 교육	작업 안전 교육	응급 처치 교육
교육 시간	유치원	13	10	8	10	4	2	2
	초등학교	12	11	8	10	4	2	2
	중학교	10	10	10	10	4	3	2
	고등학교	10	10	10	10	4	3	3
횟수		학기당 2회 이상	학기당 3회 이상	학기당 2회 이상	학기당 2회 이상	학기당 2회 이상	학기당 1회 이상	학기당 1회 이상

〈학년별 학생 안전교육의 시간 및 횟수〉

그러나 이러한 제도적인 안전교육 체계가 잘 마련되어 있음에도 불구하고, 현실은 이상과 큰 차이를 보이고 있다. 교육부의 지침에 따르면 유·초·중·고등학교는 연간 51차시의 안전교육을 이수해야 한다. 이는 월평균 약 4~5차시에 해당하며, 학생들의 안전의식 향상과 위기 대처 능력 향상을 위한 충분한 시간처럼 보인다.

하지만 실제 학교 현장에서는 이 기준을 충족하기가 쉽지 않다. 빡빡한 교육과정 속에서 정규 수업 외에 추가적인 안전교육 시간을 확보하는 것은 사실상 불가능에 가깝다. 대부분의 학교에서는 정규 수업 시간의 일부를 할애해 안전교육을 병행하는 방식을 택하고 있다. 예를 들어, 45분 수업 중 약 35분은 정규 교과 내용을 진행하고, 남은 10분 내외의 시간에 안전교육을 실시하는 방식이다.

10분이라는 짧은 시간은 안전교육을 하기에는 턱없이 부족하다. 교육자료로 활용되는 강의용 PPT를 열고 간단한 개요를 설명하는 것만으로도 시간이 다 지나간다. 학생들에게 안전에 대한 경각심을 불러일으키고, 실제 상황에서 어떻게 행동해야 하는지를 체계적으로 지도하기에는 시간도 부족하고, 깊이 있는 교육도 어렵다.

결국, 이러한 교육은 형식적인 보여주기식 교육에 그칠 수밖에 없는 구조적인 한계를 지닌다.

더 큰 문제는 이러한 교육 방식이 반복될수록, 학생들이 안전교육을 중요하게 인식하기보다는 형식적인 절차로만 받아들이게 된다는 점이다. 이는 오히려 안전에 대한 감수성을 떨어뜨리고, 안전의식이 생활 속에서 자연스럽게 자리 잡는 것을 방해할 수도 있다.

이와 같은 교과연계 교육의 취약점은 교육 계획의 주체와 실제 교육을 수행하는 주체 간의 협력 부족에서 비롯된다. 안전담당 교사가 교과담당 교사와 협조하여 세부적인 교육 계획을 수립하더라도, 교과담당 교사가 안전교육을 제대로 이행하지 않으면 결국 형식적인 교육에 그칠 가능성이 크다.

교과담당 교사는 수업의 진도를 맞추기 위해 안전교육을 소홀히 하거나, 연기하는 경우가 많기 때문이다. 예를 들어, 안전담당 교사가 주제에 맞는 교육자료

〈어린이 안전교육, 사회적 기업 (주)안전한 사회〉

를 준비해 배포하고, 일정에 맞게 교육을 진행하려 해도, 교과담당 교사가 교육을 수행하는 동안 수업에 지장이 생기지 않도록 하려다 보니 결국 안전교육은 뒤로 미뤄지거나 대충 넘어가는 경우가 많다.

또한, 교과담당 교사의 입장에서 볼 때, 정해진 교과 진도를 맞추기 위해 수업 외의 시간을 할애하여 안전교육을 추가로 진행하는 것

이 현실적으로 쉽지 않다. 대다수 교사는 이미 정해진 교과 내용을 소화하기에 바쁘며, 추가적인 시간을 확보하기 위한 여유가 없다.

이러한 문제는 대형 학교에서 더욱 두드러진다. 규모가 크고 교사 수가 많은 학교일수록, 각 교과담당 교사들이 여러 명이기 때문에 일괄적으로 일선 교사들이 동일한 안전교육을 시행하는 일이 더욱 어려워진다. 이는 결국 문서로만 안전교육을 진행한 근거를 남기고, 실제 교육 내용은 빈약하게 진행되는 결과를 초래하게 된다. 이런 식의 형식적인 안전교육은 이수한 기록만 남기면 된다는 인식이 팽배해지기 쉽다.

이와 같은 상황은 산업현장에서도 유사하게 발생한다. 산업안전보건법에 따라 근로자들에게 안전교육을 실시하도록 되어 있지만, 실제 교육은 종종 형식적으로 진행된다. 교육자료를 단순히 회람시키고, 교육 기록만 남기면 된다고 생각하는 경우가 많다. 이렇게 형식적으로 진행된 교육은 실질적으로 현장에서 안전을 지키는 데 아무런 도움이 되지 않는다.

다음은 어느 학교의 안전교육계획서 중 교과연계 교육과정 계획표의 일부이다. 교사들이 안전교육을 진행하기 위해 구체적인 계획을 세우지만, 실제로 이 계획들이 얼마나 이행되는지, 그리고 교육이 얼마나 실효성을 가지는지에 대해서는 의문이 제기된다.

♦ 중학교 연간 안전교육일정 사례(교과연계)

과목	관련 단원	수업 시기	7대 영역	7대 안전교육주제 (세부 수업내용)
사회	내가 사는 세계	5월	재난안전	지진과 해일에 대한 대처요령
		5월	교통안전	안전한 자전거 타기를 위한 준비
	자연으로 떠나는 여행	7월	재난안전	폭염과 가뭄에 대한 대처요령
			직업안전	산업재해의 의미와 특성
과학	지권의 변화	5월	응급처치	응급처치 전 유의사항 알기 및 준비
	여러 가지 힘	7월	교통안전	오토바이 교통사고 원인과 예방
	기체의 성질	9월	재난안전	화재유형별 기본대처 요령 산행 등 야외 활동 시 응급처치
	생물의 다양성	9월	폭력·신변안전	나의 마음은 이런 거야 공감(기본),[가정폭력]
	과학과 나의 미래	11월	생활안전	과학실습 시 약품의 특성 및 안전한 실험도구 사용법 알기
			응급처치	응급상황 시 행동수칙
도덕	도덕적인 삶	5월	교통안전	자동차 사고의 원인과 피해(1)
			교통안전	자동차 사고의 원인과 피해(2)
	행복한 삶	6월	약물 및 사이버 안전 (사이버 중독)	스마트폰을 건전하게 사용할 수 있는 방안을 찾아봐요
	참된 우정	9월	폭력 신변안전	온라인 거짓정보의 유포! 장난일까요?
	다문화 사회의 갈등 해결	11월	폭력 신변안전	사이버의 잘못된 흔적은 나의 폭력인가요?

♦ **중학교 안전교육실시 현황 사례**(교과연계 제외)

내용	일자	교육방법	대상	비고
소방안전	3월	시청각 교육 및 대피훈련	전교생 및 교직원	
교통안전 (개인형이동장치)	4월	시청각 교육	전교생	안전주간 운영
생활안전	4월	시청각 교육	전교생	안전주간 운영
민방위 훈련	5월	공습대비 대피훈련	전교생 및 교직원	
수상안전, 교통안전	7월	시청각 교육	전교생	
민방위 훈련	8월	공습대비 대피훈련	전교생 및 교직원	을지훈련 연계
교통안전 (개인형이동장치)	11월	시청각 교육	전교생	
다중운집인파 안전	11월	시청각 교육	전교생	
소방안전	11월	시청각 교육 및 대피훈련	전교생 및 교직원	소방서 연합
겨울철 생활안전	12월	시청각 교육	전교생	

　물론 모든 안전교육이 형식적으로만 이루어지는 것은 아니다. 실제로 재난대피훈련(화재, 민방위 훈련)이나 심폐소생술 교육처럼 반드시 시행해야 하는 교육은 학교에서도 실제로 이루어진다. 이는 상급기관에 교육 실시 결과를 보고해야 하기 때문에 그 이행이 비교적 철저하게 관리된다.

또한, 사회적으로 큰 이슈가 되거나 사고 발생 가능성이 높은 분야, 예컨대 교통안전, 압사사고 예방, 계절별 안전사고(수상 안전, 폭염, 한파 등)에 대해서는 외부 강사를 초빙해 전교생을 대상으로 시청각 교육을 실시하거나, 관련 영상물을 동 시간대에 상영하는 방식으로 교육을 진행하기도 한다.

하지만 이러한 방식도 교육의 실효성 측면에서 보면 여전히 많은 아쉬움이 남는다. 대부분의 경우 영상 시청으로 대체되며, 같은 영상을 반복 시청하는 방식은 학생들의 흥미와 몰입도를 떨어뜨려 교육 효과를 반감시키는 경우가 많다. 결국 중요한 교육일지라도 형식에 그치거나 반복에만 의존하게 되면, 진정한 의미의 안전교육이라고 보기 어렵다.

소방교육 역시 현실에서는 많은 한계를 드러내고 있다. 학교 내에는 분명 소화전이 설치되어 있지만, 학생들뿐 아니라 교사들조차 그 사용법을 잘 알지 못하는 경우가 허다하다. 소방훈련은 매뉴얼에 따라 형식적으로 반복되지만, 정작 화재 발생 시 실질적으로 어떻게 대처해야 하는지에 대한 교육은 부족하다. 심폐소생술처럼 소화전 사용법 역시 최소한 교사들에게라도 반드시 교육되어야 하며, 실습 중심의 교육으로 전환되어야 한다.

또한, 화재경보기와 같은 안전설비의 유지관리에도 문제가 많다. 수시로 화재경보기가 오작동하는 일이 반복되며, 학생과 교사 모두 화재경보기 소리를 대수롭지 않게 여기는 경우가 많다. 실제 화재 발생 시 대피가 지연되거나 아예 이뤄지지 않을 위험이 존재하는 것이다. 화재경보기는 단순한 장비가 아니라 생명을 지키는 경고 시스템인 만큼, 정기적인 점검과 즉각적인 수리, 교체를 통해 항상 정상 작동할 수 있도록 관리해야 한다.

교육부가 제정한 『학교안전교육 7대 표준안』은 학생들이 일상생활에서 예기치 못한 위험요인에 능동적으로 대처할 수 있도록 하는 데 중점을 두고 있다. 이 표준안의 진정한 목적은 모든 학생이 자신의 안전을 지킬 수 있는 주체로 성장하고, 나아가 안전한 학교와 사회를 만들어가는 데 기여하는 것이다. 그러나 이러한 목적을 달성하기 위해서는 단순히 교육 횟수와 자료의 양을 채우는 것이 아니라, 현장감 있고 실천 가능한, 내실 있는 교육이 필요하다.

앞으로 안전교육은 단순한 이론이나 영상 교육에서 벗어나야 한다. 직접 체험하고 익히는 실습 중심의 교육, 현장 대응력을 높이는 반복훈련, 그리고 일상생활과 밀접하게 연계된 맞춤형 교육이 이루어져야 한다. 우리는 과거 기성세대처럼 안전교육의 부재로 인한 피해와 후회를 반복하지 말아야 하며, 미래 세대가 보다 안전한 사회 속에서 살아갈 수 있도록 준비시켜야 한다. 안전은 미룰 수 없는 현재의 과제이자, 다음 세대를 위한 약속이다.

"안전은 먼저 올바른 것들을 우선순위에 두는 것이다."
-피터 드러커

인간의 마음 안에 숨어 있는 위험

― 심리를 알면 안전이 보인다

집단 속에서는 왜 판단이 흐려질까

우리는 일상에서 무의식적으로 다른 사람의 행동이나 선택을 따라가는 경우가 많다. 이를 동조효과(Conformity Effect)라고 하며, 다수의 의견이나 행동에 자신의 판단을 맞추는 심리 현상이다. 이러한 동조효과는 사소한 선택부터 중요한 결정까지 영향을 미친다. 예를 들어 친구들과 함께 중국집에 갔을 때 다른 사람들이 자장면을 고르면, 원래 짬뽕을 먹고 싶었던 사람도 자장면을 따라 고르게 되는 경우가 많다. 이는 다수의 선택이 더 안전하고 옳을 것이라는 심리에서 비롯된다.

〈중국집 동조효과〉

이러한 경향은 다양한 상황에서도 나타난다. 예를 들어 회의 시간에 부서장을 비롯한 모든 구성원이 A안을 선택했다면, 아무리 B안이 옳다고 생각해도 혼자서 이를 주장하기란 쉽지 않다. 다수의 의견과 반대되는 주장을 하는 데에는 심리적 부담과 불안이 따르기 때문이다. 또한 길을 걷다 음식점 앞에 긴 줄이 서 있는 모습을 보면, '맛집이니까 줄을 서 볼까?' 하는 생각이 들며 자연스럽게 그 줄에 동참하게 된다. 이러한 동조는 재난 상황에서도 강하게 작용한다. 갑작스러운 위기 속에서 마트나 백화점에서 사재기가 벌어지면, 원래는 계획에 없던 사람들조차 "나도 준비하지 않으면 안 되겠다"는 불안감에 휩싸여 물건을 사들이게 된다. 온라인 쇼핑에서도 마찬가지다. 제품을 살 때 다른 사람들의 평점과 댓글을 유심히 살펴보고, 구매 수가 많고 평가가 좋으면 그 제품을 선택하는 경우가 많다.

동조(Conformity)란 다른 사람들의 행동이나 의견 등에 영향을 받아 자신도 모르게 그와 비슷하게 행동하거나 따라가는 현상을 의미한다. 이는 사회심리학적으로 타인과의 상호작용 속에서 일어나는 것으로 개인뿐 아니라 집단 혹은 문화 차원에서도 나타난다.

1950년 미국의 사회심리학자 솔로몬 애쉬(Solomon Asch)는 이러한 동조심리를 심리학적으로 증명하기 위한 실험을 했다. 솔로몬 애쉬는 팀당 6명의 피실험자를 모집하여 시력검사 실험을 진행했다. 그 중 5명은 피실험자를 속이기 위해 참가한 가짜 피실험자였고 오직 1

명만 피실험자였다.

　실험에 참가한 피실험자에게 2개의 카드를 보여주었다. 선이 1개만 그려진 그림과 3개의 다른 길이를 보이는 그림을 보여주고 3개의 선분 중 1개만 그려진 그림과 같은 선분을 선택하라고 했다. 이러한 선택은 18번씩 진행되었다.

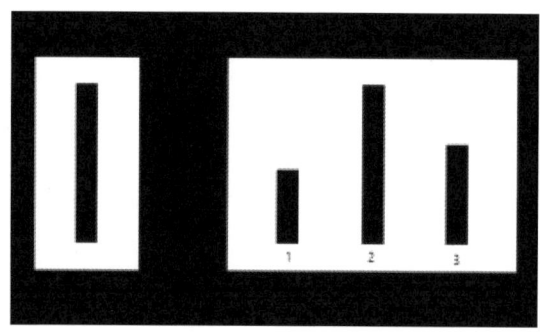

　이 선들의 길이는 일반적으로 사람들이 쉽고 정확하게 판단할 수 있을 정도로 차이가 확실했다. 5명의 가짜 피실험자들은 일부러 오답을 이구동성으로 말했다. 이에 따라 진짜 피실험자는 혼란에 빠져 갈등하기 시작했다. 가짜 피실험자들이 정답을 3번이라고 하자 6번째 진짜 피실험자도 다른 가짜 피실험자의 눈치를 보다가 본인도 3번이라고 했다.

　실험 참가자 중 75%가 적어도 한 번은 잘못된 선택을 하였고 36.8%는 실험마다 집단이 말하는 오답을 그대로 말했다. 이러한 현상을 동조효과라고 한다.

동조효과는 1명일 경우는 거의 일어나지 않았지만 2명 이상이고 인원이 증가할수록 오답률도 급격히 증가하는 현상을 보였다. 동조효과는 집단적 사고와 유사하며, 자신의 의견을 반영하지 않더라도 더 큰 그룹의 의견이나 행동에 맞도록 자신의 의견이나 행동을 변경할 때 발생한다.

그런데 동조효과와 관련한 흥미로운 사실은 동조효과에도 개인차가 있다는 것이다. 영국 로스 대학의 게르하르트 메이센베르크(Gerhard Meisenberg)와 아만디 윌리엄스(Amandy Williams) 박사의 2008년 연구에 따르면 교육 수준과 지능지수가 낮을수록 동조효과는 더 강해진다고 한다. 또한 소득 수준이 높을수록 동조효과는 떨어진다. 즉 교육과 소득 수준, 지능 수준이 높을수록 상대방의 질문에 의해 극단적으로 좌우되기보다는 중간의 대답을 하는 경향이 더 강했다.

실제로도 실험 결과 참가자들은 10명 중 9명이 길을 건널 때 빨간불임에도 불구하고 건너려는 시도를 보이면 다른 참가자들도 보행자 신호가 아닌 상태였음에도 망설임 없이 횡단보도를 건넜다. 심지어 일부는 차를 향해 뛰어들거나 위험하다는 경고음까지 무시했다.

모두가 그렇게 행동하니 문제의식을 느끼지 못했던 것이다. 간혹 누군가 옳지 못한 행동을 하더라도 주위 시선 탓에 곧바로 지적당하거나 제지당하는 일조차 드물다. 결국엔 다수결 원칙에 따라 결정된 사항이니 따라야 한다는 식이고 그게 곧 옳은 답일 것이라 믿게 된다.

사람은 혼자 있을 때는 비교적 합리적인 판단을 내릴 수 있지만, 집단 속에 포함되면 동조효과의 영향을 받아 주변 사람들의 생각이나 행동에 쉽게 동화되는 경향을 보인다. 이러한 동조효과는 객관적인 판단과 비판적 사고를 통해 극복하고 예방하려는 노력이 뒷받침될 때 완화될 수 있다.

특히, 비슷한 생각을 가진 사람들이 모여 하나의 집단을 형성하면, 서로의 의견을 강화하면서 조직 전체에 영향을 미칠 수 있는 왜곡된 판단이나 행동이 나타날 가능성도 있다.

산업현장에서도 이러한 동조효과의 사례를 자주 볼 수 있다. 현장 내 많은 근로자들이 불안전한 행동을 하더라도, 문제를 제기하거나 다른 의견을 내기보다는 기존의 방식에 동조하는 경우가 많다. 이러한 분위기에서는 변화나 개선이 이뤄지기는 어려운 것이 현실이다.

신입사원이 입사했을 때 특히 이러한 동조현상이 두드러진다. 사내 분위기를 잘 알지 못하는 신입사원은 선배의 행동을 보고 그대로 따라 하려는 경향이 크며, 이는 특히 생산현장에서 두드러진다. 현장을 관리·감독하는 관리자의 행동이 일종의 기준이 되어, 신입을 포함한 근로자들에게 그대로 전파되기도 한다. 따라서 관리자의 행동은 매우 중요한 기준점이 되며, 관리자는 모범적인 태도를 통해 긍정적인 작업 문화를 이끌어야 한다.

기계가 가동하면서 고소음이 발생하는 생산현장이 있다고 가정하자. 귀마개를 착용하는 근로자가 없으면 신입사원도 당연히 "여기는 귀마개를 착용하고 작업하지 않는구나" 생각하고 착용하지 않는다. 많은 사람이 안전수칙을 준수하지 않고 작업을 하면 당연히 그렇게 해도 된다고 생각하고 동조하는 경우가 많다.

실제로 한 인쇄 공장에서 발생한 사례가 있다. 인쇄 공정 중 회전하는 로울러기의 동판에 이물질이 묻어 있었고, 이를 제거하기 위해 반장은 기계를 멈추지 않은 채 손으로 제거하는 위험한 작업을 진행했다.

〈로울러기 작업〉

이 모습을 지켜보던 신입사원은 "저렇게 해도 되는구나" 하고 잘못된 작업 방식을 그대로 따라 했고, 결국 손이 기계에 말려 들어가는 끔찍한 사고로 이어졌다. 이는 단순히 개인의 실수라기보다는, 작업장의 문화와 분위기 속에서 발생한 전형적인 동조효과의 결과이다.

위험한 작업을 수행하는데도 보호구를 착용하지 않거나, 작업 순서를 지키지 않는 행동이 반복될 경우, 신입 근로자도 "이렇게 해도 괜찮은가 보다"라고 생각하게 된다. 고소작업 시에도 마찬가지다. 안전하게 작업하려면 안전대를 착용하고 안전걸이에 걸고 작업해야 하지만, 주변 작업자들이 모두 안전대를 착용하지 않는다면, 혼자만 이를 준수하기는 매우 어렵다. 모든 사람이 안전수칙을 지키지 않는 환경 속에서 혼자만 이를 지키는 것은 부자연스러울 뿐 아니라, 때로는 갈등이나 소외감을 유발하기도 한다.

이처럼 동조효과는 때로 현장의 잘못된 문화를 관행으로 여기고, 위험을 "정상적인 것"처럼 보이게 만든다. 작업자의 생명과 직결된 안전문제 조차도 주변 사람들의 행동에 영향을 받아 흐려지는 것이다. 특히 권위 있는 인물이나 선임자의 행동은 더욱 쉽게 동조를 유발하기 때문에, 그들의 책임감 있는 행동은 매우 중요하다.

결론적으로, 동조효과는 우리 일상에 깊이 뿌리내린 심리 현상이지만, 그것이 언제나 올바른 방향으로 작용하는 것은 아니다. 특히 안전과 직결되는 상황에서는 "다수의 행동"이 아니라 "옳은 행동"을 기준으로 삼는 태도가 필요하다. 모든 사람이 지키지 않는 상황에서도 스스로 원칙을 지켜낼 수 있는 용기와 태도가, 개인의 생명을 지키고 조직의 문화를 바꾸는 첫걸음이 될 수 있다.

"불신과 주의는 안전의 부모다."

안전은 인간 본성과의 끊임없는 싸움이다

사람은 본래 안전을 중요하게 여기고 위험을 피하려는 본능을 가지고 있음에도 불구하고, 실제로는 불안전한 행동을 선택하는 경우가 많다. 이러한 모순된 행동은 인간의 심리적 특성과 밀접하게 연관되어 있다.

미국 버지니아공대의 심리학자 스콧 겔러(Scott Geller)는 그의 저서 『The Psychology of Safety』에서 "안전은 인간 본성과의 끊임없는 싸움이다"라고 표현한 바 있다. 이는 우리가 안전의 중요성을 머리로는 인식하면서도, 순간적인 편리함이나 이익 앞에서 안전수칙을 무시하는 행동을 쉽게 선택하게 된다는 인간 심리의 본질을 꿰뚫는 말이다.

〈The psychology of safety〉

예를 들어, 한적한 도로에서 무단횡단을 할지, 아니면 불편을 감수하고 먼 거리에 있는 횡단보도를 이용할지를 고민하게 되는 상황을 떠올려 보자. 이때 사람들은 "지금은 괜찮겠지", "아무도 안 보는데"라는 생각으로 교통법규를 어기기 쉽다. 이는 사회 규범과 개인적 편익 사이에서의 내적 갈등이며, 사람은 본능적으로 자신에게 이익이 되거나 편리한 선택을 하려는 경향이 있다. 심리학에서는 이를 "근도 반응 심리"라고 설명한다. 즉, 가까운 길, 쉬운 방법, 빠른 결과에 끌리는 인간의 본성을 의미한다.

스콧 겔러는 이러한 인간의 행동을 변화시키기 위해서는 "습관화"가 매우 중요하다고 강조하였다. 그는 안전 행동이 문화로 자리잡는 과정을 네 가지 단계로 구분하였다. 차량용 안전벨트 착용의 정착과정을 예로 들어 설명한다.

첫째가 무의식적 불안전 행동이다.
안전에 대한 지식이나 인식이 부족하여 무심코 불안전한 행동을 반복하는 것을 의미한다. 이러한 행동은 자신은 물론 타인의 생명과 안전까지 위협할 수 있지만, 당사자는 그 위험성을 인지하지 못한 채 습관처럼 반복하는 경우가 많다.

예를 들어, 자동차를 탈 때 안전벨트를 착용하는 것은 이제는 누구나 자연스럽게 하는 행동이지만, 불과 몇십 년 전만 해도 그렇지 않았다. 1990년대 초까지만 해도 우리나라에서는 안전벨트를 착용하는 운전자가 극히 드물었다. 자동차가 본격적으로 대중화되며 마이카 시대가 된 것은 1990년대 중반 이후였으며, 당시에는 차량에 탑승하면 안전벨트를 착용하지 않는 것이 오히려 당연한 모습이었다. 지금 기준으로 보면 매우 위험한 행동이지만, 당시에는 안전에 대한 인식 부족으로 인해 이러한 무의식적 불안전 행동을 일상에서 쉽게 볼 수 있었다.

두 번째가 의식적 불안전 행동이다.

안전에 대한 지식과 인식은 충분히 갖고 있음에도 불구하고, 이를 의도적으로 무시하고 행동하는 경우를 말한다. 다시 말해, 무엇이 안전한지 알면서도 귀찮거나 불편하다는 이유로, 또는 순간적인 편의나 습관 때문에 일부러 안전수칙을 지키지 않는 것이다.

예를 들어, 차량이 점차 증가하면서 교통사고 또한 함께 늘어나자 사회 전반적으로 안전벨트의 중요성이 부각되기 시작했다. 이에 따라 교통경찰은 운전자들의 안전벨트 착용 여부를 단속하기 시작했다. 하지만 많은 운전자들은 이러한 단속에도 불구하고 여전히 안전벨트를 착용하지 않았다. 단속하는 경찰이 눈에 띄는 순간에만 서둘러 안전벨트를 착용하는 모습을 쉽게 볼 수 있었다. 이는 안전벨트 착용의 필요성과 효과를 알고 있음에도 불구하고, 번거롭고 불편하다는 이유로 이를 실천하지 않는 의식적 불안전 행동의 전형적인 예이다.

세 번째는 의식적 안전 행동이다.

안전의 중요성을 충분히 인식하고, 의도적으로 안전한 행동을 실천하는 것을 말한다. 단순히 지식으로만 알고 있는 것이 아니라, 그 지식을 바탕으로 실제 행동에서 안전을 최우선으로 고려하는 태도이다.

예를 들어, 뉴스를 통해 차량 전복이나 추락 등 대형 교통사고가 발생했을 때, 안전벨트를 착용한 탑승자는 생명을 구한 반면, 착용하지 않은 탑승자는 큰 부상을 입거나 심지어 사망했다는 보도를 자주 접하게 된다. 이러한 반복적인 사고 사례와 생생한 보도는 안전벨트 착용의 중요성을 국민에게 강하게 인식시켰다.

또한 공익광고를 통해 지속적으로 안전벨트 착용의 필요성을 홍보하고, 교통경찰이 집중적으로 단속함으로써 사회 전반의 안전의식을 높이는 데 기여했다.

그 결과, 과거에는 번거로움 때문에 외면하던 안전벨트를 이제는 차량에 탑승하자마자 자연스럽게 착용하는 것이 습관이 되었다. 이는 단순한 법의 강제 때문이 아니라, 운전자 스스로가 안전은 선택이 아닌 필수라는 인식을 갖고 의식적으로 안전한 행동을 실천하게 된 변화라 할 수 있다.

마지막으로 무의식적 안전 행동이다.

안전한 행동이 반복을 통해 자연스럽게 습관화되고, 더 나아가 생활 속 문화로 정착된 상태를 말한다. 이 단계에 이르면 별도의 의식적인 노력 없이도 자동으로 안전한 행동을 실천하게 되며, 오히려 이를 하지 않으면 불안함을 느끼는 수준에 이르게 된다.

과거에는 안전벨트를 착용하는 것이 번거롭고 불편하다는 인식이 강했지만, 이제는 차량에 타자마자 무의식적으로 안전벨트를 착용하는 것이 당연한 일로 여겨진다. 운전자나 승객 모두 별다른 인식 없이도 자동으로 안전벨트를 착용하며, 착용하지 않으면 오히려 심리적인 불안감을 느끼게 된다. 이는 오랜 기간에 걸친 교육, 홍보, 제도적 강화, 그리고 실질적인 사고 사례들이 축적되면서 형성된 사회적 변화의 결과이다.

더불어 차량에는 안전벨트를 착용하지 않으면 경고음이 울리는 시스템이 내장되어 있어, 운전자가 착용하지 않을 수 없도록 기술적으로도 유도하고 있다. 이러한 요소들은 안전한 행동을 습관으로 정착시키는 데 중요한 역할을 하였으며, 결과적으로 무의식적 안전 행동으로 발전하게 만들었다.

새로운 안전문화를 만드는 일은 결코 쉽지 않다. 하지만 한 번 형성된 안전문화는 사회 전반에 깊이 뿌리내려 쉽게 사라지지 않는다. 무의식적 안전 행동은 단지 개인의 생명을 보호하는 데 그치지 않고, 사회 전체의 안전 수준을 향상시키는 핵심 요소이다.

안전수칙을 누가 본다고 해서 지키고 안 본다고 해서 지키지 않는 것은 우리의 안전의식이 성숙하지 않아서 그렇다. 우선 개개인이 안전수칙을 지키고 집단으로 확대하여 안전문화가 형성되어야 비로소 안전한 사회, 안전한 산업현장이 되는 것이다. "안전을 지키는 것은 인간본성과 끊임없는 싸움"인 것을 잊어서는 안 된다.

"사고를 예방하는 방법은 안전한 습관이다."

누군가가 보고 있을 때
우리는 더 조심한다

축구나 야구 등 스포츠 경기를 보면 홈구장에서 경기할 때 홈팀의 열렬한 응원을 받게 된다. 홈팬들의 열띤 응원을 받으면 심리적으로 누군가가 나를 응원하고 지지한다는 생각이 들면서 사기는 올라가고 경기력은 더 좋아진다.

반면 어웨이경기에서는 상대팀의 일방적인 응원으로 사기가 저하되고 심리적으로 불리한 상황에 경기를 치러야 하는 경우가 많다. 그래서 어웨이경기에서 승률이 홈경기보다 낮은 경우가 많다.

요즘은 카공족(카페에서 공부하는 사람들)이나 코피스족(커피와 오피스의 합성어)과 같이 카페에서 공부하거나 업무를 처리하는 경우가 증가하면서 새로운 문화공간으로 자리 잡고 있다. "집이나 사무실보다 카페에 있을 때 다른 사람의 시선이 의식되어 더 몰입해서 성과와 집중도가 높아진다"고 말한다. 이들처럼 "누군가가 나를 지켜보고 있다는 느낌만으로도 긍정적 상승효과"를 기대할 수 있기 때문이다.

이를 호손효과(Hawthorne Effect)라고 하는데, 자신이 관찰되고 있다고 인식할 때 행동이 변화하는 현상을 말한다.

1920년대 후반과 1930년대 초반에 미국의 웨스턴 일렉트릭사의 호손 공장에서 연구가 있었다. 이 연구는 하버드 대학교의 심리학자 조지 엘튼 메이요(George Elton Mayo)와 경영학자 프리츠 줄스 뢰슬리스버거(Fritz Jules Roethlisberger)가 미국의 웨스턴 일렉트릭 컴퍼니의 시카고 근교에 위치한 호손 공장(Hawthorne Works)에서 진행되었다.

호손실험은 작업환경이 노동자의 생산성에 미치는 영향을 조사하기 위해 조명, 작업조건, 근로시간 등을 실험 대상으로 설정하였다. 당시에는 산업혁명 이후 제품의 대량생산을 위해 어떤 방법이 필요한가에 대한 많은 연구가 필요한 시기였다. 대량생산을 위해 "어떻게 하면 생산성을 더 높일 수 있을까?" 고민하던 중 "작업환경 개선이 중요한 역할"을 할 것이라고 가정하고 조명과 생산능력의 상관관계를 실험하였다. A그룹은 작업장의 조명을 개선하였고, B그룹은 작업장의 조명을 개선하지 않았다.

유명 대학 교수들이 직무 개선을 위한 실험을 하면서 노동자들의 생산성에 변화가 있음을 관찰하게 되었다. 결과는 놀라웠다. 두 그룹 다 생산성이 향상된 것이다. 이 연구에서 연구자들이 실험에 참여하는 근로자들에게 주의를 기울이고 있다는 사실만으로도 근로자들의 생산성이 향상되었다. 이는 근로자 스스로가 주목을 받으면 행동이 변화하는 경향이 나타났다.

〈호손 실험〉

이 효과는 단순한 물리적 환경의 변화보다 심리적 요인과 사회적 상호작용이 작업 능률에 더 큰 영향을 미친다는 것을 보여주었다. 기업, 교육, 의료 등 다양한 분야에서 사람들이 자신이 주목받고 있다는 사실만으로도 성과가 향상될 수 있음을 이해하게 되면서, 조직의 경영 및 관리에서 인간의 심리적, 사회적 요인을 고려하는 접근이 필요하다는 것을 강조하였다. 따라서 호손효과는 인간 중심의 관리와 리더십이 얼마나 중요한지를 일깨워 주며, 오늘날에도 여전히 유효한 교훈을 제공하였다. 이러한 점에서 호손실험은 그 자체로 큰 학문적 가치를 지닌다고 할 수 있다.

산업현장에서 호손효과를 안전관리에 적용하면 어떤 효과를 만들어낼 수 있을까? 예를 들어, 작업장에서 작업자는 관리감독자나 안전관리자가 자신을 지켜보고 있다고 인식하면 안전규칙을 더 잘 준수하는 경향이 있다. 여기에는 전제조건이 있다. 관리감독자가 스스로 안전수칙을 준수할 때 가능하다. 관리감독자가 안전수칙을 지키지 않으면 팀원들도 준수하지 않을 것이다. 산업현장에 가면 관리감독자가 안전수칙을 지키지 않는 경우가 많기 때문이다.

작업자가 안전수칙을 제대로 지키는지 또는 자신이 주목받고 있다고 느낄 경우, 그들은 더 안전한 행동을 하려는 경향이 있다. 하지만 근로자의 안전수칙 위반, 불안전한 행동에 대한 강압적 지적으로 작업자가 감시당하는 느낌을 받게 된다면 관리감독자나 안전관리자가 있을 경우만 안전수칙을 준수하려고 할 것이다. 작업자가 불안전한 행동을 하면 행동의 문제점을 설명해 주어 작업자가 스스로 안전하게 작업하도록 유도하는 것이 중요하다.

하지만 이런 효과를 지속적으로 유지하려면, 단기적인 주목에 의한 변화가 아닌, 장기적으로 내재화된 안전 문화가 필요하다. 감시가 줄어들거나 관심이 사라지면 원래의 행동패턴으로 되돌아갈 수 있기 때문이다. 따라서 단순한 감시보다는 안전문화를 내재화하는 것이 중요하다. 단기적인 관찰과 관리에 의존하지 않고, 직원들이 안전을 자발적으로 중요하게 인식하는 분위기를 조성하는 것이 중요하다. 작업자는 조직이 안전에 진심으로 관심을 갖고 있다고 느낄 때 적극적이고 능동적인 안전행동을 할 가능성이 높아진다. 안전관리를 규율 중심이 아니라 "참여와 동기부여" 방식으로 접근하는 것이 효과적이다.

최근에는 CCTV, 웨어러블 센서, AI 기반 안전 모니터링 시스템 등이 도입되면서 작업자의 행동을 지속적으로 관찰할 수 있는 환경이 조성되고 있다. 하지만 기술적 감시가 단순한 처벌 중심이 아니라 교육과 피드백 중심으로 운영될 때 안전행동의 지속성을 높일 수 있다.

호손효과를 안전관리에 적용하려면 단순한 감시와 감독이 아니라 작업자가 안전의 중요성을 인식하고 자발적으로 실천할 수 있도록 유도하는 환경이 필요하다.

결론적으로 산업현장에서 안전은 감시가 아니라 관심과 배려다. 위험성이 많은 산업현장에서 감시의 안전관리는 한계가 있다. 근로자 스스로 관심받고 있다는 마음 자세가 들도록 만들어야 한다. 작업자의 행동을 변화시켜 모든 근로자의 안전을 확보함으로써 호손효과를 기대할 수 있다.

"안전은 불필요한 공포로부터의 자유이다."
- 바루흐 스피노자

안전성이 위험을 높인다

우리나라는 국토의 약 70%가 산악지대로 구성되어 있어 고속도로에 커브길, 터널, 경사로가 많은 편이다. 이러한 지형적 특성에도 불구하고, 고속도로를 설계할 때는 직선 구간을 70초 이상 지속하지 않도록 일부러 곡선이나 변화 요소를 넣는다. 이유는 운전자가 너무 오랜 시간 직선 구간을 운전할 경우 주의력이 떨어져 사고 위험이 커질 수 있기 때문이다.

〈곡선의 고속도로〉

고속도로에서 주행사고는 커브길에서도 발생하지만, 실제로 가장 사고가 많이 발생하는 구간은 직선주행 구간이다. 이는 장시간 직선도로를 주행할 경우, 운전자의 주의력이 분산되고 졸음운전이나 집중력 저하가 발생하기 때문이다. 운전자는 직선 구간에서는 곡선 구간보다 더 안전하다고 생각하는 경향이 있어 긴장을 풀고 방심하기 쉽다.

도로를 직선으로 만들면 통행량이 증가하고 운도도 편해지는 장점이 있다. 그러나 운전이 편리해질수록 방향성 주의력이 낮아져 오히려 사고 위험성이 증가할 수 있다. 실제로 구불구불한 구간이 많았던 영동고속도로를 직선화한 이후, 과속하는 운전자가 늘면서 오히려 과속으로 인한 사고가 증가한 사례가 있다.

이러한 현상은 직선도로가 주는 "안전해 보이는 착각"이 사람들로 하여금 리스크를 감수하게 만들면서 발생한다. 이는 인간의 심리에 기반한 행동 변화로 설명할 수 있다. 따라서 도로 설계 시에는 단순히 물리적인 안전만이 아닌, 운전자의 심리적 반응까지 고려해야 진정한 안전성을 확보할 수 있다.

1982년 캐나다의 교통학자인 제럴드 와일드(Gerald Wilde)는 Risk Analysis지에 "리스크 항상성" 이론을 발표하였다. 당시에 이 이론을 발표하고 많은 사람의 관심을 받았다. 리스크 항상성 이론은 위험이 낮아졌다고 생각하면 위험에 대한 인식이 저하되어 리스크를 올리려고 하는 행동을 말한다. 즉, 안전하다고 판단되면 안전을 등한시하는 현상을 말한다.

미식축구 경기에서 머리 부상을 방지하기 위해 헬멧을 더욱 튼튼하고 안전하게 만들었지만, 선수들이 이를 믿고 더 과격하게 충돌하면서 오히려 머리 부상은 줄어들지 않았다. 이는 사람들이 안전장치가 마련되었다고 믿을 때, 무의식적으로 더 위험한 행동을 하기 때문이다.

최근 자동차에 탑재되는 고속도로 주행 보조 기능, ACC(Adaptive Cruise Control, 스마트 크루즈 컨트롤) 사용이 증가하면서 교통사고가 증가하고 있다. ACC는 앞차와의 간격을 자동으로 유지하는 편리한 보조 운전 기능이지만, 일부 운전자들이 이를 완전한 자율주행 기술로 오해해 운전 중 스마트폰을 보거나 손을 떼는 등 부주의한 행동을 해서 사고가 발생한다. 특히 ACC는 도로 위 움직이는 차량을 기준으로 작동하기 때문에 급정지 차량이나 특수차량을 인식하지 못할 수 있으며, 이런 상황에서는 사고로 이어질 위험이 크다. 결국 차량 보조장치인 ACC 기능을 자율주행으로 믿고 방심하면 사고가 발생할 수 있다. 즉, 안전하다고 믿고 과신하면 더 위험하다는 것이다.

어린이 놀이터의 바닥을 고무 매트로 교체하고 놀이기구를 낮게 설계해 다칠 위험을 줄였더니 보호자가 방심하거나 아이들이 더 격하게 놀게 되어 부상이 감소하지 않고 있다. 의료기술의 발전으로 고혈압, 당뇨병 등의 만성질환은 약물과 기기로 관리할 수 있지만 "약이 있으니 괜찮아" 등의 생각으로 건강관리를 소홀히 하는 경우도 많다.

이처럼 기술이 발전하고 다양한 안전한 방법이 도입되었음에도 불구하고, 인간은 '안전하다'는 인식에 기대어 오히려 더 위험한 행동을 선택할 수 있기 때문에 사고 위험 자체는 줄어들지 않을 수 있다.

따라서 아무리 과학기술이 발전하더라도, 개인이 인식하는 위험의 수준이 개선되지 않는 한 사고는 쉽게 줄어들지 않는다. 안전을 위한 기술이 발전해 리스크를 낮췄다고 해도, 사람들은 그만큼 더 과감한 행동을 하게 되어 결과적으로 위험은 다시 높아지는 경우가 많다. 이는 위험을 감수하는 행동이 개인에게는 즉각적인 편익으로 이어지기 때문이다.

예를 들어, 차량을 과속으로 운전하면 순간적으로는 시간 절약이나 성취감 같은 이익을 준다. 반면, 안전을 선택하는 것은 눈앞의 편익을 포기해야 하므로 쉽게 선택되지 않는다. 결국 우리 사회가 진정한 안전을 확보하기 위해서는 기술의 발전만으로는 부족하며, 개인과 사회 전반의 "안전에 대한 의식"이 함께 높아져야 한다.

이러한 관점에서 보면, 안전의 문제는 단순히 시스템이나 기술의 문제가 아니라, 인간의 사고방식과 의식의 문제라고 볼 수 있다. 결국 사고를 줄이는 핵심은 "안전한 환경"도 중요하지만 "안전하게 행동하려는 의지"에서 출발해야 한다.

위험한 작업을 할 때 사람은 본능적으로 주의력을 높여 사고를 예방하려는 경향이 있다. 그러나 상대적으로 위험성이 낮다고 판단되는 작업에서는 경계심이 떨어지고, 주의력도 함께 낮아지는 경향이 있다. 그 결과, 고위험 작업이든 저위험 작업이든 주의하지 않으면 사고 발생 가능성은 낮아질 수 없는 것이다.

기술의 발전은 기계나 시스템의 안전성을 크게 향상시켜, 사람의 활동 범위를 넓히고 작업 효율도 높여준다. 하지만 그만큼 인간이 기술에 의존하게 되면서, 오히려 예상치 못한 위험과 맞닥뜨릴 가능성도 커진다. 이는 "기술이 안전을 향상시키는 동시에, 인간의 주의력을 저하시키고 위험 행동을 증가시킬 수 있다"는 아이러니한 상황을 만들어낸다.

예를 들어, 중량물을 다룰 때 사용되는 웨어러블 기계는 원래 20kg의 무게를 10kg 수준으로 줄여 부담을 덜어준다. 그러나 반복 작업에 따른 피로는 여전히 남아 있으며, 그로 인한 부상 가능성은 사라지지 않는다. 또한 물류센터나 공장

〈웨어러블 보조슈트, 엔젤로보틱스〉

에서 지게차 사고를 예방하기 위해 착용하는 보행자 태그도 마찬가지다. 장치가 스스로 경고음을 울리며 사고를 방지해 주리라 믿고 경각심을 늦추는 경우, 결국 사고는 장비의 문제가 아니라 인간의

과신에서 비롯되기도 한다.

기술이 발전하고 안전장치, 보호구, 자동화 설비 등이 정교해질수록 사람은 스스로를 더 안전하다고 느끼며, 오히려 불안전한 행동을 더 과감하게 하게 된다. 이처럼 리스크 목표 수준(사람이 받아들일 수 있는 위험의 심리적 기준)이 변화하지 않는 이상, 사고율 자체는 줄어들지 않는다는 것이다.

결국 안전한 작업 환경을 조성하기 위해서는 안전 설비나 보호구의 성능 향상뿐만 아니라, 리스크 향상성을 어떻게 관리할 것인지, 즉 인간의 행동과 의식 변화까지 포함한 안전 문화의 형성이 중요하다.

"Better safe than sorry"
후회하는 것보다 안전한 것이 낫다.

리스크를 감수하는 인간, 그 심리의 이면

리스크 테이킹이란 주로 투자 영역에서 사용되는 용어인데, 높은 수익률을 올리려면 높은 리스크를 감수하여야 하고, 낮은 리스크를 감수하면 낮은 수익률을 취할 수밖에 없다는 의미이다. 소위 "high risk, high return"이라고도 표현한다. 이는 투자 영역뿐만 아니라 인생사 모든 영역에서 적용되는 원리이다.

우리는 인생을 살아가면서 여러 가지 위험을 마주하게 된다. 그러나 우리는 위험을 두려워하고 회피하려는 경향이 있다. 실패의 위험성이 높은 사업보다는 안정적인 직장, 위험성이 높은 수술보다는 안정적인 수술을, 대학 진학도 합격 가능성이 낮은 대학보다는 안정적인 지원으로 합격 가능성이 높은 대학 지원을 선호한다. 통상적으로 위험을 감수하고 새로운 도전을 시도하지 않는 것은 두려움과 불확실성 때문이다. 새로운 일을 시도하면 실패할 수도 있고, 현재의 안전한 상태가 깨어지기 때문이다. 그래서 우리는 자신에게 과감하지 못하고 새로운 도전을 회피하게 되는 것이다. 하지만, 위험을 감행한다는 것은 두려움을 극복하고, 새로운 도전에 나선다는 것을 의미한다.

대학교 친구가 공무원 생활을 하다가 정년을 4년 정도 남기고 갑자기 사직을 했다. 새로운 도전을 위해 안정된 직장을 포기하고 온실에서 광야로 달려 나간 것이다. 주변에 모든 사람이 반대했지만 그 친구는 도전했고 몇 년 동안 고전을 면치 못했지만 이제는 당당히 자리를 잡았다. 새로운 도전이 두려웠지만 위험을 감수한 결과는 많은 것이 달라졌다. 남들은 두렵고 불안해서 도전하기를 주저하지만 실패의 두려움을 무릅쓰고 리스크 테이킹을 감행하여 성공한 케이스다.

하지만 안전관리 관점에서 보면 안전보다는 위험을 실행하는 리스크 테이킹은 다른 관점에서 보아야 한다. 이 리스크 테이킹을 산업안전에 적용하면 위험이 있다고 감지 후 위험을 지각하거나 인지한 후에도 아랑곳하지 않고 위험한 행동을 하는 것이 위험실행이라 한다.

산업현장에서 위험한 작업을 하면 위험하다는 것을 인지하지만 "모든 일에는 위험이 따르는 거야"하고 자위하면서 위험한 행동을 하는 것은 결과적으로 사고만 발생하지 않으면 된다는 생각을 가지고 있기 때문이다.

위험을 회피하려는 경향이 있는 경우를 "위험 회피성"이라 하고 어느 정도 위험은 있지만 이 정도 위험은 받아들이고 행동하는 경향이 있는 사람을 "위험 실행성"이 있는 사람이라고 한다. 위험 실행성이 높은 사람은 위험을 받아들이는 경향이 강하고, 낮은 사람은 위험하다고 판단되면 회피하는 경향이 있다. 위험 회피성과 위험 실행성과의 상관관계를 4가지로 분류하면 다음과 같다.

위험 회피성이 높고 위험 실행성이 낮은 사람은 "안전 추구" 유형으로 위험을 회피하려는 경향을 보인다. 운전 경력이 많은 베테랑 운전자일수록 도로 위에서 발생할 수 있는 다양한 사고를 경험과 지식을 바탕으로 미연에 예측하고 방어운전을 실시한다. 안전운전을 가장 중요시해서 위험성은 회피하고 대신 위험 실행은 줄이려는 경향을 보인다.

위험 회피성도 높고 위험 실행성도 높은 사람은 "위험회피 위험실행" 유형이다. 위험을 회피하지 않고 위험을 맞이하는 경우이다. 소방구조 요원은 화재현장에서 인명을 구출하기 위해 자신이 위험하다는 것을 알지만 위험을 감수하면서 인명구출을 실행해야 하는 특수성이 있다. 하지만 위험에 대비하여 내·외부와 무선통신, 안전장구, 보호구 착용 등을 구비하고 행동한다. 의사도 위험성이 높은 수술 등을 할 때 높은 위험이 있지만 그럼에도 불구하고 위험을 실행하고 수술하는 경우이다.

위험 회피성이 낮고 위험 실행성이 높은 사람은 "위험 실행" 유형으로 위험을 회피하지 않아 사고를 유발할 가능성이 높은 유형이다. 산업현장에서 프레스, 전단기 등 위험한 기계에 방호장치를 사용하지 않고 작업하여 사고의 위험이 높거나 건설현장에서 고소작업 시 추락 방지를 위한 안전대를 사용하지 않고 작업하여 추락 위험이 높은 경우이다.

위험 회피성이 낮고 위험 실행성이 낮은 사람은 "위험회피 안전추구" 유형으로 위험을 회피하여 안전이 확보될 가능성이 높은 유형이다. 초보운전자의 경우 도로에서 발생할 수 있는 사고위험에 둔감하지만 그렇다고 운전 경험이 없어서 위험을 실행하려는 의지도 낮다. 즉, 무엇이 위험한지 인지가 어렵지만 무리하게 운전하지 않아 위험을 회피하려는 경향이 강한 경우이다.

그렇다면 산업현장에서 리스크 테이킹에 의한 사고를 예방하려면 어떻게 해야 할까? 산업현장에서는 위험 회피성이 낮고 위험 실행성이 높은 작업자가 사고 발생 가능성이 높으므로 이들에 대한 관리가 무엇보다 중요하다. 위험 회피성이 낮다는 것은 안전지식이나 안전마인드가 부족하기 때문에 위험을 회피하기보다는 위험에 대한 무인지가 높다고 봐야 할 것이다. 외국인 근로자에게는 언어소통 문제로 위험성에 대한 안전교육이나 지시가 제대로 전달되지 않고 기존 근로자들도 오랫동안 일해 왔던 패턴이 있어서 쉽게 작업 방법이나 행동을 수정하려 하지 않는다. 특히 고령 근로자일수록 위험실행성이 높다. 최근 산업현장에서 사망사고 근로자의 약 45% 이상이 60세 이상 고령 근로자인 것을 보면 알 수 있다.

근로자의 사고를 감소하려면 결국 사람을 어떻게 관리할 것인가에 달려있다. 근로자의 불안전한 행동을 예방하기 위하여 지속적인 안전교육으로 의식을 높이고 사내 안전규정을 강화하여 적발 시 페널티를 부과한다든가 강력한 안전관리 방안을 강구할 필요가 있다. 위험성 평가를 통하여 문제점을 파악하고 개선하는 등 노력도 필요하다. 외국인에 대해서는 위험성에 대한 인지능력을 높이기 위해 안전교육 및 번역된 안전교육 자료 제공, 안전표지, 수칙 등을 게시하여 재해가 발생하지 않도록 노력해야 할 것이다.

"A large fire often comes from a small spark"
큰 불은 가끔 조그만 불덩이에서 일어난다.

4부

이제는 행동할 시간

― 바꿀 수 있다면 지금부터

아는 만큼 보인다, 안전도 마찬가지다

이 이야기는 내가 대학생일 때 경험한 일이다. 고등학교 시절 가장 친하게 지냈던 친구가 있었다. 그는 대학에 진학할 수 있는 실력이 있었지만, 가정 형편이 어려워 결국 대학 진학을 포기하고 취직의 길을 택했다. 지금이야 장학금이나 다양한 대출제도를 통해 대학에 갈 수 있는 방법이 있지만, 그 시절에는 경제적인 이유로 꿈을 접는 경우가 흔했다.

그 친구는 고등학교를 졸업한 뒤 건설회사에 취직해 설비 파트에서 일하고 있었다. 아파트나 건물을 지을 때 수도 파이프나 배수관을 설치하는 일이 그의 주 업무였다. 당시 나는 여름방학을 맞아 친구와 함께 건설현장에서 아르바이트를 하게 되었다. 산업현장을 직접 경험해볼 수 있는 좋은 기회이자 친구와 함께 그 시간을 공유할 수 있어 더욱 의미가 있었다.

하루는 수도 파이프를 자르는 작업이 있었다. 파이프는 사이즈에 맞춰 절단해야 하는데, 긴 파이프를 파이프 절단기에 고정하고 회전시키며 절단하는 방식이었다. 문제는 파이프가 회전할 때 발생했다. 파이프 절단기가 가동하면, 파이프의 끝부분은 원을 크게 그리며 빠르게 회전하게 된다. 특히, 반경이 커지면서 끝부분은 더욱 크게 돌기 때문에 손으로 잡고 있었지만 파이프를 제어하기가 쉽지 않았다.

그런데 나는 그 작업을 하면서 면장갑을 착용하고 있었다. 면장갑은 면으로 되어 있어 회전하는 물체에 돌출 부위가 있으면 쉽게 걸릴 수 있다. 결국, 회전 중인 파이프의 돌출된 부분에 면장갑이 걸리면서, 장갑이 파이프에 감기고 손이 같이 회전하기 시작했다.

〈면장갑〉

다행히 나는 재빨리 파이프를 놓았고, 큰 사고로 이어지지는 않았다. 손목이 꺾이고 타박상을 입긴 했지만, 골절이나 큰 부상은 피할 수 있었다. 정말 아찔한 순간이었다.

그날의 경험은 나에게 아주 중요한 교훈을 주었다. 위험은 곁에 늘 존재하지만, 우리가 "몰라서" 발생하는 경우가 많다는 것이다. 회전체 작업 시 면장갑을 착용하고 접촉하면 안 된다는 기본적인 안전 지식을 알고 있었다면, 그런 상황은 애초에 발생하지 않았을 것이다.

그날의 사고는 단순한 실수가 아니었다. 회전하는 물체나 설비, 기계에 면장갑을 착용한 채 접촉하면 장갑이 말려 들어간다는 사실을 몰랐기 때문이다. 이는 산업현장에서 일하는 사람이라면 반드시 알고 있어야 할 기본적인 안전지식이다. 하지만 당시 나는 이 사실을 몰랐고, 그 무지로 인해 아찔한 사고가 발생할 뻔했다. 그 뒤 대학을 졸업하고 산업현장에서 근무하면서 그때 무엇이 잘못되었는지를 이해하게 되었다.

지금도 생산현장이나 건설현장을 가보면 반코팅된 면장갑이나 면장갑을 착용하고 작업하는 모습을 흔히 볼 수 있다. 많은 작업자들은 손이 다치거나 거칠어지는 것을 방지한다는 이유로 면장갑 착용이 일상화되어 있다. 그러나 장갑의 착용 방식과 종류에 따라 오히려 위험이 될 수 있다는 사실은 잘 모르고 있다.

회전체 작업 시 면장갑 착용이 위험하다는 경고는 여러 교육과 홍보를 통해 반복적으로 전달되고 있지만, 실제로 이를 지키는 현장은 많지 않다. 위험을 알고도 무시하는 경우도 있고, 아예 그 위험을 인지하지 못하는 경우도 많다.

요즘은 회전체 작업 중에 말림 사고를 줄일 수 있는 특수 장갑이 나오고 있지만, 그 가격이 비싸 대부분의 기업에서는 이를 쉽게 구입하지 못하는 실정이다. 결국, 선반, 밀링, 드릴 등 회전하는 기계·설비를 다루는 작업에서 면장갑을 착용한 채 접촉하면, 회전 방향으로 손이 말려 들어가는 재해가 발생할 수 있다.

이러한 사실은 산업현장에서 일하기 전에 반드시 숙지되어야 할 안전지식이다. 그러나 현실에서는 많은 신입 근로자들이 이처럼 작지만 중요한 안전정보조차 알지 못한 채 작업에 투입되고 있다.

지난 30여 년 동안 산업현장에서 수많은 사고를 직접 보고 경험해 오면서, 나는 한 가지 질문을 반문해 왔다. "이런 사고들을, 과연 막을 수는 없을까?" 사망사고가 발생했다는 소식을 들으면 대부분의 사람들은 큰 실수나 중대한 과실이 있었을 것이라 생각한다. 하지만 사고의 원인을 분석해 보면, 의외로 아주 사소하고 작은 실수에서 비롯된 경우가 많다.

"이렇게 작업한다고 사고가 나겠어?"
"그냥 잠깐인데 괜찮겠지."
"나 이 일 10년 넘게 했는데 설마 사고가 나겠어?"

이처럼 익숙함에서 오는 안일함과 방심이 사고를 부른다. 그리고 그렇게 사고는 순간에 일어난다. 아차 하는 한순간, 한 번쯤 무시한 절차, 안전수칙이 결국엔 돌이킬 수 없는 결과로 이어진다.

사고가 발생하고 나서야 "그때 그렇게만 하지 않았더라면…"이라는 후회가 밀려오지만, 이미 시간은 되돌릴 수 없다.

"높지 않기 때문에 더 위험한" 아이러니

보통 '추락사' 하면 우리는 건설업을 떠올린다. 건설현장은 업무 특성상 높은 곳에서 작업이 이루어지기 때문이다. 그러나 놀랍게도 제조업과 서비스업에서도 추락사는 사고 발생형태 2위를 차지하고

있다. (2023년 산업재해 통계 기준)

제조업에서 사고 1위는 기계에 끼이거나 말리는 사고, 그리고 그다음이 추락사다. 서비스업도 마찬가지다. 1위는 업무상 질병, 2위는 추락사다. 건설업처럼 고층 구조물에서 작업하지 않음에도 불구하고 왜 이렇게 추락사고가 많을까?

〈사다리 추락사고〉

제조업과 서비스업에서는 설비나 시설, 기계를 관리하는 시설관리파트가 있고 이들은 전등 교체, 기계 점검 등의 유지보수 작업을 수행한다. 산업현장도 작업자의 적재 작업, 상·하차 작업 등이 높이 2m 내외에서 수행하는 경우가 많다.

문제는 바로 이 2m라는 애매한 높이다. 이 정도 높이면 대부분 A형 사다리를 사용하거나, 때로는 지게차의 포크 위에 올라가 작업하는 일도 있다. 그 순간 무게 중심을 잃고 떨어지면 낙하 거리가 짧기 때문에 머리부터 바닥에 떨어질 경우 뇌손상으로 인한 치명적인 사고로 이어진다.

즉, 높이가 낮다고 해서 덜 위험한 게 아니라, 안이하게 생각해서 더 치명적인 결과로 이어질 수 있다는 것이다.

"예측하지 못했기 때문에 사고가 발생하는 것이다."

최근에 발생하는 중대재해의 사고 유형을 분석해 보면 반복적으로 등장하는 패턴이 있다.

청소, 점검, 정비 중 사고, 지게차 사고, 로봇, 기계에 협착, 중량물 낙하로 인한 사고 등 다양한 형태의 사고에는 공통점이 있다. "작업자가 예측하지 못했다"는 것이다. 예측했다면 작업자가 과연 그렇게 위험하게 작업을 했을까? "사고가 발생할 줄 알면서도" 그렇게 작업하지는 않았을 것이다.

결국, 대부분의 사고는 작업자 본인도 위험을 인지하지 못한 채 작업에 임했다는 것을 의미한다. 사고를 예방하는 방법은 너무도 분명하다. "사전에 위험을 예측하고, 안전하게 작업할 수 있도록 준비하고 계획하는 것"이다.

그러나 현실은 어떠한가? 많은 현장에서 이러한 기본적인 준비조차 되지 않은 채 작업이 이뤄진다. 그래서 정부나 감독기관에서 현장 점검을 나오면 가장 먼저 "작업계획서와 매뉴얼"을 확인하는 이유다.

〈지게차 추락사고〉

그것이 위험 예측의 시작이기 때문이다. 안전은 사고가 터진 뒤 수습하는 것이 아니라, 사고가 발생하기 전에 미리 예상하고 준비하는 것에서 출발한다. 그 작은 한 걸음의 차이가 사고와 안전, 생존과 죽음을 가르는 결정적 차이가 된다.

산업재해는 대개 운이 나빠서 발생하는 게 아니다. 준비되지 않은 순간, 예측하지 못한 위험 앞에서 발생하는 것이다. 사고를 줄이고 생명을 지키기 위해 필요한 것은 대단한 기술이나 장비가 아니다. 단지, 작업 전 한 번 더 위험을 예측하고, 그것에 대한 준비를 하는 것이다. 그 작은 준비가 수많은 생명을 보호하고 살릴 수 있다.

"당신의 안전은 설마 하는 순간
당신을 파멸의 길로 인도한다."

사고에 감성은 통하지 않는다

산업현장에서 30년 넘게 안전관리 일을 해오면서 수많은 사고를 보았다. 그중에서 지금도 떠올릴 때마다 가슴이 먹먹해지는 사고가 있다. 어느 빵공장에서 발생한 협착 사고였다.

사고의 당사자는 고등학교 2학년 때, 교통사고로 부모님을 한꺼번에 잃었다. 그날 이후 그는 3남매의 장남이자, 어린 가장이 되었다. 아침에는 우유를 배달하고, 오후에는 세차장에서 일하며 어렵게 동생들을 돌봤다. 정작 자신의 미래는 뒤로 미룬 채 동생들을 위해 헌신한 삶이었다.

하지만 시간이 흐르면서 그는 자신도 늦기 전에 자신의 삶을 찾아야겠다고 결심했다. 결국 야간대학에 진학했고, 전기과를 전공해 주경야독 끝에 졸업하였다. 그 이후에도 동생들을 차례로 결혼시키고, 본인은 늦은 나이에 가정을 이루게 되었다. 꿈만 같던 시간이었다.

그가 취직한 곳은 빵을 생산하는 식품회사였다. 어느 날, 평소보다 일찍 출근해 전날 이상이 있었던 컨베이어 벨트를 점검하였다. 이 작업은 전원 차단 등 기본적인 안전조치를 반드시 선행해야 하는 작업이었다. 하지만 그는 생각했다.

"설마 이 시간에 누가 출근해서 전원을 켜겠어."

그는 전원 스위치를 잠그지 않았고, "점검 중"이라는 표시도 하지 않았다. 그리고 컨베이어 하부로 들어가 점검을 시작했다.

바로 그때, 예상보다 조금 일찍 출근한 다른 작업자가 열려 있는 분전반을 이상하게 여기면서도 전원 스위치를 작동해 버렸다. 컨베이어는 작동했고, 그 순간 그는 컨베이어와 벽 사이에 상체가 끼이게 된다.

〈컨베이어 사고〉

비명을 질렀지만, 이미 상체에 가해진 강한 압력으로 인해 끔찍한 협착 사고가 발생한 것이다.

아내와 동생들은 사고 소식에 믿을 수 없다는 반응뿐이었다. 병원에서 차갑게 식어버린 그의 시신을 확인한 순간, 가족들은 오열했다.

그는 누구보다 열심히 살았고, 누구보다 책임감이 강했으며, 이제 행복을 누릴 자격이 있는 사람이었다.

이 사고는 복잡한 기계 결함도, 예상치 못한 외부 요인도 아닌, 기본적인 안전수칙을 지키지 않아 발생한 사고였다. 전원 분전반을 시건장치로 잠그지 않았다. "점검 중"이라는 안전표지를 부착하지도 않았다. 작업감시자를 배치하지도 않았다. 비상정지스위치도 적절한 위치에 설치되어 있지 않았다. 이 중 하나만이라도 지켰더라면, 그는 지금도 가족과 함께 웃고 있을 것이다.

지금도 수많은 산업현장에서 이와 유사한 사고가 반복되고 있다. 청소, 수리, 점검 도중 전원이 갑자기 작동하여 협착, 감전, 추락 등의 사고로 이어진다.

이러한 사고는 작업자가 "실수를 해서"라기보다, 현장에서 반드시 지켜야 할 "기본수칙"이 지켜지지 않아 발생하는 경우가 대부분이다.

〈출처, 대한산업안전협회〉

대한민국 산업현장에서는 하루 평균 374명이 다치고, 5.5명이 사망한다. 사망자는 숫자가 아니라, 가족의 생계이자 누군가의 소중한 사람이다. 안전은 중요한 일이 아니라, 가장 기본적인 일이 되어야 한다.

사고에는 감성이 없다. 작업자의 사연도, 가족의 슬픔도, 삶의 무게도 고려해 주지 않는다. 단 한 번의 방심, 단 한 번의 설마가 생명을 앗아가고 가정을 무너뜨린다. 이제 우리 모두가 안전을 생활화해야 한다. 작은 관심, 작은 준비, 작은 실천이 생명을 지킨다. 출근하는 모든 가장이 저녁이 되면 병원이 아닌, 가족의 품으로 돌아갈 수 있도록 우리 모두가 안전을 일상으로 만드는 문화를 만들어야 한다. 안전은 인간 존엄의 출발이며, 기업의 가장 중요한 가치가 되어야 한다.

"안전의 시작은 안전수칙을 준수하는 것이다."

화재경보기가 울리는데 왜 가만히 있나요

중학교 교실 안에서 수업 시간 도중에 화재경보기가 작동하였고 담당교사는 학생들에게 가만히 앉아 있으라고 했다. 그리고 입학한 지 겨우 일주일밖에 되지 않은 중학생의 어머니는 학교를 찾아가 교무실을 발칵 뒤집었다. 어머니는 왜 그렇게까지 분노했던 걸까?

이 이야기는 단순한 엄마의 과잉 반응이 아니다. 이 사건은 우리 사회에 만연한 안전불감증이라는 고질적인 문제를 드러낸다. 그리고 동시에, 왜 우리가 안전의식과 문화를 생활 속에서 확고히 정착시켜야 하는지를 되돌아보게 한다.

중학교에 입학한 지 일주일쯤 되었을 무렵, 수업시간에 갑자기 화재경보기가 울렸다. 경보음이 울리자 아이들은 놀라고 당황해 웅성거리기 시작했고, 교실 안은 순간 긴장감으로 가득 찼다. 하지만 복도에는 누구 하나 뛰어나가는 사람이 없었고, 수업을 진행하던 선생님은 "우리 학교 화재경보기는 가끔 고장이 나서 오작동한다"며 학생들에게 가만히 있으라고 말했다. 그리고 아무 일도 없다는 듯

수업을 이어 나가려 했다.

〈화재 대피 훈련〉

아이들은 선생님의 말에 따랐지만, 누구도 마음이 편하지는 않았다. "화재경보기가 울리는데 가만히 있으라는 게 말이 되나?" 교실 안의 친구들 얼굴엔 불안한 표정이 역력했고, 학생들도 "이러다 진짜 불이라도 나면 어쩌지?" 하는 걱정이 머릿속을 떠나지 않았다. 그렇게 아이들은, 화재경보기가 울리는 상황 속에서도 아무런 대피도 하지 못한 채 수업을 이어가야 했다. 다행히 화재경보기는 오작동이었다.

그날 저녁은 오랜만에 아빠가 일찍 퇴근해 세 가족이 함께 둘러앉은 저녁 식사 자리였다. 외동딸인 나에게 엄마와 아빠는 늘 많은 관심을 가졌고, 자연스럽게 나의 학교생활 이야기를 꺼냈다. 새로

사귄 친구들, 담임 선생님의 성격 등 이런저런 이야기를 나누다 보니, 낮에 있었던 화재경보기 사건을 말하게 되었다. 이야기를 듣던 엄마는 갑자기 표정이 굳어지더니, 결국 식사를 중단하고 자리에서 일어났다.

식사가 끝난 뒤, 엄마와 함께 쓰레기를 버리러 나간 길에 같은 아파트에 사는 중학교 3년 선배 오빠를 만났다. 나는 부끄러워 먼저 집으로 들어왔지만, 엄마는 한참을 그 오빠와 이야기를 나누었다. 정확히 무슨 이야기를 했는지는 알 수 없었지만, 화재경보기와 관련된 학교의 상황에 대해 더 구체적인 이야기를 들은 듯했다. 엄마는 그날 이후 가만히 있지 않았다. 무언가 행동을 시작할 기세였다.

다음 날, 학교에 갔을 때 쉬는 시간에 친구들이 다가와서 이렇게 말했다. "너희 엄마 교무실에 와서 지금 난리가 났어!" 그 말을 들은 나는 깜짝 놀랐다. 평소 엄마는 초등학교에 다닐 때부터 학교에 직접 방문한 일이 거의 없었다. 중요한 행사나 꼭 필요한 일이 있을 때만 학교에 오셨고, 담임 선생님과 개인적으로 만난 적도 거의 없었다. 엄마는 화가 나도 크게 소리 지르는 법이 없었고, 내가 어렸을 때부터 회초리를 들고 조용하게 나를 혼내시던 그런 엄마였다.

나는 무슨 일이 일어난 건지 궁금해서 급히 교무실로 달려갔다. 교무실 안에서는 엄마가 어제 수업을 진행했던 선생님과 대화를 하고 있었다. "선생님, 어제 수업시간에 화재경보기가 울렸죠?" 엄마의 목소리가 평소보다 확실히 높았다. "네." 선생님이 대답했다.

"그런데 아이들을 왜 대피시키지 않았나요?"

"가끔 화재경보기가 고장 나서 오작동하는 경우가 있어요."

엄마는 그 말을 듣고 목소리가 점점 더 올라갔다. "화재경보기가 오작동하면 고쳐야지, 그걸 변명이라고 하세요. 정상적으로 작동하지 않는 화재경보기가 진짜 불이 났을 때 제대로 작동할 수 있을까요?"

"선생님은 화재경보기가 울리면 그게 고장이 나서 울리는 건지, 진짜 화재가 발생해서 울리는 건지 어떻게 아세요?"

"그리고 왜 화재경보기가 울리는데 아이들에게 가만히 있으라고 하셨나요? 밖에 나가서 확인을 하셨어야죠."

교무실 안은 점점 소란스러워졌고, 그때 교감 선생님이 나오셨다. 교감 선생님은 "화재경보기가 고장이 나서 가끔 오작동을 한다"고 설명했지만, 엄마는 받아들이지 않았다. "화재경보기가 고장 나서 작동하더라도, 화재경보기가 울리면 고장이든 아니든 일단 확인하고 대피시켜야 하는 거 아니에요? 화재경보기가 울리는데, 가만히 있으라고 하는 게 정상입니까?" 엄마의 목소리는 점점 더 강하게, 단호하게 변해갔다. "이제 막 고장 난 것도 아니고, 몇 년째 이런 식으로 방치된 게 말이 됩니까?"

교감 선생님과 선생님은 결국 화재경보기를 수리하겠다고 약속했다. 그러나 엄마는 더 이상 수긍하지 않았다. "언제까지 고치겠냐고요? 예산이 내려오면 고친다고요? 몇 년 전부터 고친다고 말해 놓고, 한 번도 제대로 수리하지 않았잖아요." 엄마는 점점 더 화가 나는 기색이었다. 엄마의 의지는 확고했다. "정부에 건의해서라도 반드시 고쳐지도록 하겠습니다." 그런 엄마의 말에 선생님들은 아무 말도 하지 못했다.

〈소화기 사용법 훈련〉

선생님들은 나에게 교실로 가라고 했다. 나는 수업을 받을 수 없을 것 같아서 가방을 챙기고 신발을 들고 교무실 앞에 서 있었다. 얼마의 시간이 지난 후, 교무실에서 나온 엄마와 함께 집으로 돌아갔다. 집으로 가는 길에, 교감 선생님과 선생님은 정문까지 따라오면서 여러 번 사과했다.

집에 돌아와 나는 엄마에게 "학원 갈까?" 하고 물었다. 하지만 엄마는 피곤한 듯, "오늘은 그냥 쉬어"라고 했다. 집에 도착한 후, 엄마는 힘들었는지 안방에 들어가 이불을 뒤집어쓰고 누워 있었다. 저녁을 먹지 않겠다고 하자, 나는 엄마를 설득하여 계란 후라이를 해 주고 함께 저녁을 먹었다. 아빠가 집에 돌아왔을 때, 엄마는 그날 교무실에서 있었던 일을 모두 이야기했다. 그러면서 다른 학교나 대안 학교로 전학을 보내고 싶다고 말했다.

나는 그 말을 듣고 마음이 복잡했다. '내일 학교 어떻게 가지?' 나는 내가 잘못한 것은 없다고 생각했다. 엄마도 학교에서 틀린 말을 한 것 같지는 않았다. 그저, 안전에 대한 엄마의 강한 의지와 부모로서의 책임감이 강하게 느껴졌을 뿐이었다. 하지만 나는 그 상황에서 어떻게 해야 할지 몰랐다.

그런 사이에 친구들로부터 문자가 너무 많이 왔다. 대충 문자 내용을 보았을 때, 학교 분위기가 매우 침울하다는 문자와 함께 "엄마가 잘했다"는 응원의 메시지, 걱정하는 친구들의 문자가 섞여 있었다. 그중에서도 가장 기억에 남는 것은 엄마가 교무실에서 "내 새끼 불에 타 죽으면 당신들이 책임질 거야?" 하고 소리친 것이다. 그 생각을 하니 눈물이 나려고 했다. 엄마는 그 상황에서 내 안전을 위해서 한 말이었겠지만, 그 한마디가 나를 너무 무겁게 만들었다.

이 일은 한 중학생이 입학한 지 일주일 만에 일어난 일이었다. 이 사건을 돌아보면, 우리 사회의 안전의식이 얼마나 부족한지 잘 보여준다. 학교에서는 화재경보기가 울렸을 때 제대로 된 대처가 없었고, 아직도 많은 학교에서 화재경보기가 작동해도 미동도 하지 않는 것이 현실이다. 우리 사회의 기성세대에게는 깊은 성찰과 반성이 필요한 사례인 것 같다. 우리가 소중한 생명을 지키기 위해서는 안전에 대한 인식과 문화가 뿌리내려야 한다.

  몇 년 전 내가 근무했던 사무실에서 화재경보기가 울린 적이 있다. 그 건물은 10층짜리 건물로, 우리 사무실은 1층에 위치해 있었다. 화재경보기가 작동했지만, 그 소리가 바로 커지지 않고 약 2~3분 정도 지속되었다. 사실 2~3분이라는 시간은 화재경보기가 울리기 시작하면 정말 긴 시간처럼 느껴진다. 그럼에도 불구하고, 그 긴 시간 동안 대피하기 위해 건물 로비로 나온 사람은 우리 직원들과 경비원, 설비관리자 정도였을 뿐이다. 이 모습은 바로 우리의 현주소를 보여주는 듯했다.

  미국에서는 화재경보기가 울리면 수업 중이던 학생들은 즉시 수업을 멈추고 밖으로 대피한다. 그리고 5~10분 내에 소방차가 도착하고 소방관들이 화재경보기를 점검한다. 만약에 소방관들이 화재경보기가 오작동한 것이라 판단되면, 문제가 없다고 말하고 다시 교실로 돌아갈 수 있게 된다. 그리고 소방시설을 점검하면 사전에 공지나 문자, 이메일을 통해 알려주기 때문에 사람들은 미리 준비하고 대처할 수 있다. 이는 안전 문화가 잘 확립되어 있음을 보여준다.

  반면, 우리 사회에서는 여전히 많은 사람이 화재경보기가 울려도 제대로 대처하지 않거나, 오작동일 거라고 그냥 무시하고 그대로 있는 경우가 많다. 하지만 이제 우리는 그런 시스템을 바꿀 때가 되었다. 건물에서 화재경보기가 울리면, 그 이유가 무엇이든 간에 즉시 대피하는 문화가 필요하다. 이는 단순히 안전을 위한 조치일 뿐 아니라, 우리가 사고를 미연에 방지할 수 있는 중요한 방식이기 때문이다.

하인리히의 1:29:300 법칙을 보면, 300번의 징후가 보이면 그중 29번은 경미한 사고로 끝나지만, 결국 1번은 대형사고로 이어질 수 있다는 경고를 하고 있다. 화재경보기가 오작동하는 일이 여러 번 반복되면, 결국 한 번은 실제로 큰 화재가 발생할 수 있다는 점을 명심해야 한다. 이러한 경고와 징후들을 간과해서는 안 되며, 우리 사회는 이 문제를 심각하게 받아들여야 한다.

따라서 우리는 화재경보기가 울릴 때마다 "혹시 또 오작동인가?"라며 안이하게 생각하지 말고, 즉시 대피하는 습관을 들여야 한다. 그것이 바로 우리의 안전을 지키는 첫 번째 단계이며, 우리 사회의 안전 문화를 한 단계 끌어올리는 중요한 변화를 가져올 것이다.

"일이 벌어지고 나서 후회하느니
차라리 안전한 방법을 택하는 것이 낫다."

산업현장에는 아직도 매일 100명의 장애인이 발생

장애인이라는 단어를 들으면, 많은 사람은 다양한 반응을 보인다. 어떤 사람들은 "돕고 싶다"거나 "불쌍하다"고 생각할 수도 있고, 또 다른 사람들은 "관심 없다"라거나 "가까이하기에는 부담스럽다", 심지어 "나랑은 상관없는 문제"라고 여길 수도 있다. 그만큼 장애인에 대한 인식은 여전히 모호하고, 때로는 거리를 두려는 경향이 강하다. 그렇다면, 우리 사회에서 실제로 장애인은 얼마나 될까?

우리나라 전체 인구는 약 5천1백만 명 정도이

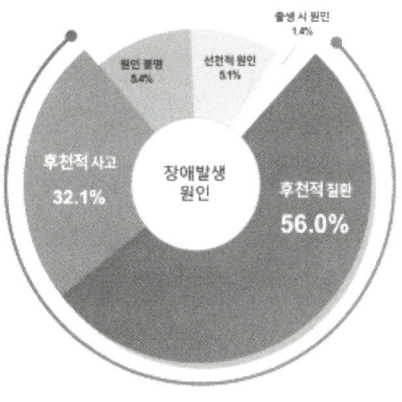

〈자료 : 보건복지부, 2023〉

다. 그중 약 264만 명이 장애인으로 등록되어 있으며, 이는 전체 인구의 약 5.1%에 해당한다. 즉, 우리 주변에는 약 20명 중 1명이 장애인이라는 얘기다. 이 숫자는 결코 적지 않으며, 장애인 문제는 결코 남의 일이 아니다.

장애인복지법 제2조(장애인의 정의 등)를 보면 신체적, 정신적 장애를 가진 사람을 장애인이라 말하고 장애 유형을 15가지로 분류하고 있다. 신체적 장애는 외부 신체 기능장애(6), 내부기관 장애(6)와 정신적 장애(3)로 구분한다.

◆ 장애인복지법에 따른 장애분류 및 장애범주

대분류	중분류	소분류	세분류
신체적 장애	외부 신체 기능 장애	지체장애	절단장애, 관절장애, 지체기능장애, 변형 등의 장애
		뇌병변장애	중추신경의 손상에 따른 복합적인 장애
		시각장애	시력장애, 시야결손장애
		청각장애	청력장애, 평형기능장애
		언어장애	언어장애, 음성장애, 구어장애
		안면장애	안면부의 추상, 함몰, 비후 등 변형에 따른 장애
	내부 기관 장애	신장장애	투석치료 중이거나 신장을 이식받은 경우
		심장장애	일상생활이 현저히 제한되는 심장기능 이상
		간장애	일상생활이 현저히 제한되는 만성 중증의 간기능 이상

	호흡기장애	일상생활이 현저히 제한되는 호흡기기능 이상
	장루/요루 장애	일상생활이 현저히 제한되는 만성 중증의 장루/요루
	뇌전증장애	일상생활이 현저히 제한되는 만성 중증의 간질
정신적 장애	지적장애	지능지수 70 이하인 경우
	자폐성장애	소아자폐, 비전형적 자폐 등
	정신장애	정신분열병, 분열형 정동장애, 양극성 정동장애, 반복성 우울장애

그렇다면 산업현장의 장애 발생 현황은 어떤가 알아보자. 우리나라에서 발생하는 산업재해자는 매년 10만 명이 넘는다. 이 중 산재 사망자는 2천 명이 넘는다. 정부 발표에 의하면 최근 6년간 3만 명대 정도인 산업재해 장애인 수가 최근에는 거의 5만 명 정도이다. 최근 6년 사이에 약 43%가 늘었다.

이렇듯 매년 산재 장애인은 거의 5만 명에 가까워지고 매일 약 6명이 산재로 사망하고, 매일 약 100명 정도가 산재로 인한 장애인이 되는 것이다.

최근 6년간 산업재해로 장애 판정받은 근로자 수
단위: 명

- 2017: 3만 2937
- 2018: 3만 4448
- 2019: 3만 9421
- 2020: 3만 9872
- 2021: 4만 4695
- 2022년: 4만 7341

〈자료 : 보건복지부, 2023〉

근로자가 30년 정도 산업현장에서 일을 한다고 가정하면 매일 100명의 산재 장애자 수가 발생하여 30년 후에는 약 100만 명의 산재 장애자가 발생한다고 추정할 수 있다. 우리나라 전체 장애자 수 264만 명의 38% 이상이 산업재해로 발생했다고 할 수 있다.

산업재해로 인한 장애인은 2017년 32,937명이었으나, 2022년 47,341명으로 몇 년 사이에 크게 증가해 심각하게 받아들여야 한다. 산재 장애인 중 상, 하지가 절단되거나 척추가 손상된 중증 장애인도 연평균 4,950명을 꾸준히 유지하며 6년간 29,698명이다. 2023년에 발표한 장애인 등록 현황을 살펴보면 신규 등록한 장애인이 약 8만 7천 명으로서 산재 장애인 규모가 얼마나 많은지 짐작할 수 있다.

정부의 장애인 등록 현황 통계와 산업재해 통계가 시점이나 기준에서 조금 차이가 있기 때문에 정확한 비교는 쉽지 않지만 우리가 생각하는 것보다 훨씬 많은 근로자가 산업재해로 장애인이 되는 것을 알 수 있다.

그동안 정부의 산업재해 예방 정책은 사고사망자 감소에 집중하고 있었다. 이로 인해 산재 장애인 발생을 예방하고 개선 대책을 도모하는 데는 소홀한 부분이 있었다. 정부가 2022년 발표한 「중대재해 감축 로드맵」은 기존 규제와 처벌 위주의 정부 정책에서 패러다임을 자기규율 예방 체계와 책임원칙으로 전환한 것이다. 그래서 사망사고만인율(근로자 수 10,000명당 발생하는 사망자 수 비율)을 OECD 평균 수준으로 감축하겠다는 것이 정부의 방침이다. 우리나라는 OECD 38개국 중에서 사망 사고율이 35위로 거의 최하위 수준이다. 그래서 정부는 사망사고 예방에 초점을 맞춘 것이다.

지난 30년간 산업재해 사망자 수가 감소하지 않은 것에 따른 고육지책이라는 것은 어느 정도 이해가 된다. 산업재해 사망자 수 감소가 결국 산업재해 장애인 수 감소 예방 대책이라고도 할 수 있지만 사망사고 감소에만 초점을 맞추는 미시적인 정책보다는 전체 산업재해까지 감소시킬 수 있는 거시적인 폭넓은 정책이 필요하다고 할 수 있다. 물론 세부적인 산재 예방 정책에서 전체 산업재해를 예방하기 위한 노력을 하는 것으로 알고 있다. 하지만 대외적으로 홍보 및 발표 시에도 병행하여 추진하는 것이 필요하다고 생각한다.

전체 산업재해의 발생을 줄이는 것이 산재 사망자 감소 예방에도 긍정적인 영향을 미칠 수 있기 때문에 거시적인 차원에서 정책 방향을 모색해야 한다. 산업재해로 인한 장애는 단순히 개인의 신체적 고통에 그치지 않는다. 그 고통은 피해자뿐만 아니라 가족, 직장, 지역사회, 나아가 국가에도 영향을 미친다. 산업재해로 인해 장애를 입은 사람들은 일상생활에서 겪어본 적 없는 불편함과 새로운 어려움에 직면하게 되는 것이다. 그리고 이러한 변화는 그들의 삶을 송두리째 바꿔 놓을 수 있으며, 이는 종종 정신적인 고통으로도 이어진다. 스트레스, 우울증 등의 정신적인 문제는 장애로 인한 신체적

어려움을 더욱 가중시키며, 피해자의 삶의 질을 크게 저하시킬 수 있다.

가족 또한 커다란 영향을 받는다. 산업재해로 인해 가족의 생활은 전방위적으로 영향을 받게 되며, 가족 구성원은 사랑하는 사람의 고통을 지켜보며 심리적, 정서적 부담을 느끼게 된다. 이로 인해 가족 내에서 발생하는 스트레스는 장애를 입은 근로자뿐만 아니라 그들의 가족에게도 심각한 영향을 미칠 수 있다. 따라서 산업재해 문제는 단순히 개인의 문제가 아니라 가족과 사회, 더 넓게는 국가 전체가 함께 고민해야 할 문제이다.

"사고는 부주의에서 시작한다."

영국은 어떻게 '안전한 나라'가 되었을까

1960년대 영국의 산업재해는 한 해에 1,000명 이상의 사고성 사망자가 발생할 만큼 사망사고율이 높았다. 하지만 지금은 세계에서 가장 낮은 사고성 사망률을 가진 산업안전 선진국이 되었다. 과연 영국은 산업혁명을 거치면서 열악한 근무조건과 환경 속에서 수많은 산업재해를 어떻게 감소하였고 산업안전 분야를 발전시켜 지금에 세계 최고의 산업안전 선진국이 되었는지 알아본다.

인류 역사에서 가장 중요한 전환점이 된 시기를 손꼽으라 하면 단연 산업혁명 시대이다. 18세기 농업 중심의 국가였던 영국에서 시작된 산업혁명은 매우 빠른 속도로 사람들의 삶과 경제,

〈산업혁명, 직물공장〉

사회, 문화를 바꾸어 놓은 말 그대로 혁명이었다. 산업혁명은 영국에서 시작한 기술혁명으로 기존에 가내수공업 방식에서 대량생산이 가능한 새로운 제조방식으로 전환되어 사회·경제적으로 큰 변화를 가져온 시기를 말한다. 이후 영국을 포함한 서구 사회는 빠른 산업화 시대로 전환되었다. 이러한 변화로 동, 서양의 관계가 역전되면서 산업이 발전한 서양이 세계질서를 주도하게 되었다.

농업 중심이던 사회가 공업 중심으로 바뀌면서 사람들은 일자리가 많은 도시로 이동하게 되었다. 그러나 너무 많은 사람이 도시로 이주하면서 풍부해진 노동력으로 근

〈산업혁명 시대의 도시의 생활〉

로자들은 저임금과 주당 80시간의 중노동, 열악한 근무환경에 시달렸다. 하지만 근로자들은 생계를 위해 부당한 근로조건을 감내해야 했다. 그러한 일자리도 근로자가 넘쳐나서 구하기가 만만치 않았다. 사업주들은 근로자의 안전보다는 이윤만 추구하다 보니 기계, 설비의 안전조치는 거의 전무하여 많은 근로자가 산업재해에 시달렸고 고통을 받았다. 또한 열악한 근무환경과 조건은 각종 직업병을 유발하였다. 방직공장이나 면직물 공장의 근로자들은 분진 등 많은 유해환경에 노출되어 결핵이나 폐질환에 시달렸다. 당시 근로 기준

을 규정하는 공장법이 있었으나 거의 대부분의 기업들이 잘 준수하지 않았다.

※ 공장법(Factory Acts)

- 1802년 영국 의회에서 아동과 여성의 노동시간을 규제하는 것을 주 내용으로 하는 법안들을 가리키는 말이다.
- 영국에서 최초로 제정되었고, 그 후 수차례 개정작업을 거쳤다. 그리고 유럽의 많은 나라들로 빠르게 퍼져나갔다.
- 우리나라는 1953년 5월 10일에 근로기준법이 제정되었고, 상시노동자 5인 이상 사업장에 적용하고 노동시간을 하루 8시간, 주 40시간(근로자가 동의할 경우에는 12시간까지 연장근로가 가능)으로 근로시간을 규제하고 있다.

그리고 보호받아야 할 어린이들도 공장에서 가혹한 노동환경과 저임금에 시달려야 했다. 특히, 하층 근로자들은 저임금으로 어린이들을 학교에 보낼 수 있는 상황이 안 되었다. 어린이들도 얼마라도 벌어서 가정에 도움을 줘야 하는 실정이었다. 당시 어린이의 임금은 성인 근로자의 1/10 정도로 낮은 편이었다.

어린이들은 작은 체구에 적합한 굴뚝 청소부로 일을 많이 했다. 하지만 목숨을 담보로 해야 할 만큼 위험한 일이었고 실제 굴뚝 청소 중 사망하는 경우도 있었다. 그리고 많은 어린이들이 발암성 물질과 유해 물질에 노출된 작업환경에서 폐 질환과 암 등이 발병하여 사망하는 어린이들도 많았다.

남자 어린이들이 굴뚝 청소를 많이 했다면 여자 어린이들은 성냥 공장 등에서 일을 했다. 문제는 성냥을 만드는 원료가 인, 황 등 발암성 물질이었다.

여자 어린이들 상당수가 암으로 사망했다. 한스

〈산업혁명 시대 당시 런던의 한 굴뚝 청소 아동 노동자를 그린 삽화〉

크리스티안 안데르센이 1845년 발표한 비극적인 소설《성냥팔이 소녀》는 당시 성냥공장에서 일하다 죽어갔던 소녀들의 처절한 삶을 보여준다.

어린이들의 사망은 많은 사회적 공분을 일으켰고 그러한 영향으로 1883년에 공장법이 개정되면서 어린이들의 근로를 금지하거나 환경을 개선하는 노력이 이루어졌다.

이렇게 근로자들의 삶은 고통 그 자체였다. 성인뿐만 아니라 어린이까지 노동력 착취와 위험한 작업환경에 노출되었다. 그러한 근로자의 희생을 바탕으로 영국은 세계 최강국이 되었고 경제적으로 번영하였다. 하지만 일자리를 찾아 도시로 급격히 인구가 몰리면서 집값은 폭등하게 되었다. 저임금의 근로자는 도시 외곽지대에서 집단거주지를 형성하여 생활하다 보니 거주와 생활환경은 비참하여 감염병의 위험이 높았다. 많은 이들이 물·음식물에 들어 있는 세균에 의해 전염되는 이질, 장티푸스, 콜레라 등 수인성 질환으로 사망했다.

또한, 무분별한 석탄의 사용은 엄청난 매연의 발생을 초래했다. 이는 심각한 대기오염과 함께 강력한 스모그 현상으로 이어졌다. 지금의 중국이나 인도 등에서 볼 수 있는 스모그 현상이 당시 영국 런던에서는 수시로 발생하였다. 이런 대기오염은 폐질환을 불러 왔고 그중에서도 가장 많은 사람을 죽게 한 병은 결핵이었다. 그 사망자들의 상당수는 근로자들이었다.

〈A. J. 베이스(A. J. Bayes)가 그린 《성냥팔이 소녀》 삽화, 1889년〉

또한, 공장과 거주지 등에서 흘러나오는 각종 오·폐수는 강을 오염시켰고 템스강을 죽음의 강으로 변하게 했다. 오염된 물은 전염병의 창궐을 야기하는 원인이 되었다. 경제는 빠르게 발전하였지만 환경 문제로 많은 사람의 삶의 질은 더 열악해지는 상황이었다.

이런 열악한 사회환경 속에서 근로자들은 근로조건과 환경을 개선하기 위한 노력과 문제 제기를 하기 시작하였다. 인간의 기본권을 보장받기 위한 단체 행동이 시작된 것이다. 노동조합이 결성되고 사업주들의 부당한 처우에 대응하여 파업 등의 단체 행동이 시작되었다.

그리고 정치권에 근로자들의 목소리를 낼 수 있는 투표권을 확대하기 위한 운동이 일어났고 근로자들의 정당이 창당되었다. 현재 영국의 진보 정당인 노동당은 근로자들의 정치 참여 확대를 위해 1900년 창당되었다. 이러한 노력들이 결실을 거두게 되어 선거법이 개정되고 투표권이 확대되었다. 또한, 우리나라의 근로기준법인 공장법이 지속적으로 개정되면서 근로자들의 권리가 점진적으로 향상되었다.

영국 산업안전보건법 탄생의 계기
: 애버밴 참사

1966년 웨일스의 애버밴에서 폭우에 무너진 석탄 폐기물이 마을을 덮쳐 주민과 어린이 144명이 사망하는 사고가 발생한다. 이 사고를 계기로 영국의 산업안전은 커다란 전환점을 맞이하게 된다.

◆ 배경

19세기 영국의 웨일스 지방은 석탄과 철광석 같은 자원들을 대량으로 채굴하면서 광업이 크게 발달하게 된다. 특히, 애버밴 지역은 웨일즈 남부지역 산악지대의 계곡 아래쪽에 위치한 탄광마을로

〈영국의 애버벤 참사〉

약 5,000명의 인구가 거주하여 당시에 광업으로 사람들이 많이 모여 살던 마을이었다.

1947년 영국 정부는 석탄 산업을 국유화한 이후 국가석탄위원회(National Coal Board)를 두어 정부 차원에서 관리를 시작했다. 당시 애버밴 탄광지역은 대량의 석탄을 채광 후 발생하는 폐기물들을 탄광 근처에 쌓아두었다.

하지만 어떻게 관리할 것인가에 대하여 대책은 없었다. 이렇게 석탄 폐기물들이 쌓여가면서 탄광 주위에는 폐기물 봉우리가 7개까지 늘어났다. 이 봉우리들은 작게는 17m에서 크게는 50m가 넘어가는 엄청난 크기였다. 큰 봉우리는 웬만한 제주 오름 정도의 높이였던 것이다. 또한 석탄 폐기물로 뒤덮여 폐기물 봉우리 근처 토양은 풀 한 포기 자라지 못하는 수준까지 오염되었다. 이로 인해 인근 지역들을 죽음의 땅이라고 불릴 정도였다.

◆ 전조 증상

　7개의 폐기물 봉우리들은 모두 마을 위쪽에 위치하여 만약 석탄 폐기물 봉우리가 붕괴했을 때 커다란 인적·물적 피해를 야기할 것이 분명했다. 그리고 석탄 채취 과정에서 폐기물이 증가하면서 봉우리의 규모도 점점 커졌고 크고 작은 산사태가 빈번하게 발생하였다. 국가석탄위원회는 이런 현상들은 대부분 폐기물 봉우리의 표면이 살짝 흘러내린 것이지 대규모 붕괴는 발생하지 않을 것이라고 주장하였다.

　7개의 석탄 폐기물 봉우리는 항시 붕괴 위험성을 내포하고 있었다. 특히 4, 5, 7번 봉우리 주변에는 샘이나 개울이 있어서 구조적으로 상당히 불안전한 상태였다. 애버밴 지역에 폭우가 내리면 폐기물 봉우리의 석탄 폐기물과 빗물이 뒤섞여 마을로 내려오는 일이 빈번해지자 마을 주민들이 국가석탄위원회에 위험성을 경고하고 항의하였다. 하지만 국가석탄위원회는 위험하지 않다고 하면서 석탄 폐기물 봉우리 근처에 빗물 등이 잘 빠지도록 배수로를 설치하는 정도로 안이하게 대처하였다.

◆ 참사 발생

　참사가 발생한 1966년 10월은 애버밴 지역에 집중 폭우가 내리던 시기였다. 사고가 발생하기 전날인 10월 20일 밤에 폭우로 인해

7번 봉우리의 높이가 3m가량 내려앉았다. 다음 날인 21일 오전 7시 30분 광산으로 출근한 광부들은 봉우리의 상태가 위험하다는 것을 직감하고 광산 관리자에게 보고하였다. 관리자 역시 봉우리의 상태가 위험함을 감지하고 당일 작업을 중단하고 대책을 논의하기 시작했다.

그러나 이미 폭우로 인해 봉우리는 위험한 상태였고, 10월 21일 오전 9시 15분, 7번 봉우리가 무너지면서 계곡 아래로 석탄 폐기물이 쏟아져 내려오는 사고가 발생하였다. 1차 붕괴가 발생한 것이다.

석탄 폐기물이 붕괴하면서 천둥번개가 치는 것처럼 엄청난 굉음이 발생하였다. 한번 무너지기 시작한 석탄 폐기물은 산사태를 발생시키며 계곡을 따라 마을 쪽으로 내려오기 시작했다. 엄청난 규모의 폐기물들은 마을 위쪽에 위치한 2개의 농장과 오두막을 덮쳤고 농장에 있던 사람들이 첫 번째 희생자가 되었다.

1차 붕괴 시 쏟아진 폐기물들이 계곡에 있던 수도 시설을 파괴하면서 대량의 물이 쏟아지며 2차 붕괴가 시작되었다. 산사태의 규모와 속도는 1차 붕괴보다 더 커지게 되었다. 산사태는 계곡 마을에 있던 팬트글라스 초등학교, 중학교와 주변

〈애버벤 참사 희생자 구조〉

에 있던 주택 18채를 파괴하고 나서야 멈추었다. 당시 초등학교에는 방학 하루 전이라 교실 안이 학생과 교사들로 가득하였다. 오전 수업을 시작하기 전 출석을 부르는 와중에 산사태가 일어나 학교 건물 전체를 덮치는 끔찍한 사고가 발생한 것이다. 이 참사로 7~10세의 어린 학생 116명과 성인 28명이 사망했다.

◆ **수습 과정**

산사태에 놀란 주민들이 길거리로 뛰쳐나왔을 때는 참혹한 사고 현장으로 변해있었다. 현장을 목격한 주민들은 급한 마음에 손과 도구를 이용해 잔해를 파 내려가기 시작했다. 소식을 들은 경찰, 소방대원, 인근 광부들도 집결하여 구조작업에 나섰다.

〈마을 주민들의 희생자 구조〉

산사태로 파괴된 수도 시설에서는 대량의 물이 계속 쏟아져 내려오며 구조작업을 방해하였다. 사고 발생 후 2시간이 지나고 나서 겨우 수도관이 차단될 수 있었다. 시신들은 인근 예배당으로 이송하여 신원 확인 작업이 이루어졌다. 많은 시신을 수용할 공간이 부족하여 주변에 있는 예배당을 영안실로 사용하였다.

이 사고가 언론 등에 보도되자 현장에는 수천 명의 자원봉사자들이 모여들었다. 군인들도 구조 활동에 파견되는 등 너무 많은 사람으로 구조작업에 투입되어 혼선을 빚기도 했다. 그리고 산사태가 수습되는 데 약 일주일의 시간이 소요되었다.

◆ 처벌 및 보상

애버밴 참사는 예견되었던 일이었다. 지역 주민들이 국가석탄위원회에 사고 위험성을 수차례 경고하였고 대책 마련을 요구하였다. 그럼에도 불구하고 국가석탄위원회는 아무런 조치도 취하지 않았고 무책임하게 일관하여 결국 끔찍한 참사로 이어지고 만 것이다. 국가석탄위원회 위원장 알프레드 로벤스(Alfred Robens)는 사고 소식을 보고 받고도 국장급 인사와 수석 엔지니어를 참사 현장에 보내고 본인은 서리 대학교 총장 취임식에 참석하였다.

사건 현장에 로벤스 위원장이 오지 않자 주민들과 유가족들이 국가석탄위원회를 맹렬히 비난했다. 현장에 있던 국가석탄위원회 간부들은 로벤스 위원장이 현장에 도착해서 구조활동을 지휘하고 있다는 거짓말을 하였다. 로벤스 위원장은 사건 다음 날 저녁에 현장에 나타났다. 로벤스는 기자회견을 열고 국가석탄위원회는 사고 조사에 협력은 한다면서 사고의 책임은 회피하는 무책임한 태도를 보였다.

이후 사고조사위원회가 발족하였으나 국가석탄위원회는 여전히 사건 책임을 부정하였다. 144명의 사망자가 발생한 대형 참사에서 책임을 진 사람은 아무도 없었다. 국가석탄위원회 간부나 직원 그 누구도 기소되거나 징계를 받지 않았다. 유족들은 원인 규명과 책임자 처벌을 요구하였으나 국가석탄위원회는 당시 50파운드의 보상금을 유족들에게 제시하였다. 보상금이 너무 적다는 비판을 받자 최종 500파운드로 액수를 올려 보상안을 제시하였다.

유가족들은 국가석탄위원회의 뻔뻔한 태도에 분개하였으나 국가석탄위원회는 사과도 책임도 없이 비판에는 무시하는 태도로 일관하였다. 지역 회복을 위한 기금이 설치되었다. 몇 개월 만에 8만 건이 넘는 기부금이 접수되어 약 1.6백만 파운드의 금액이 모금되었다. 그러나 지급 위원회는 지급 액수를 두고 희생자와 유족의 생전 관계를 조사하여 유족의 정신적 고통을 정량화해야 한다는 황당한 조건을 제시하며 제대로 기금을 주지 않았다.

심지어 남은 폐기물 봉우리도 붕괴할 위험이 있어 처리해야 했다. 사고 이후 주민들은 봉우리 처리를 요구했으나 처리 비용을 두고 영국 정부, 웨일즈, 국가석탄위원회는 서로 책임을 전가하였다. 비용 절감을 이유로 단지 정비만 하겠다고 발표했다가 비난이 거세게 일자 철거로 입장을 바꾸었다. 그렇게 몇 년이 넘도록 철거작업이 제대로 진행되지 않았다. 심지어 철거 비용이 없다고 재난기금에서 15만 파운드를 빌려 가는 기가 막힌 일까지 벌어졌다.

이 당시 재난기금에서 빌려 간 15만 파운드는 사건 발생 이후 30여 년이 지난 1997년에 비로소 반환되었다. 이것도 30년이 지나서 물가 상승, 이자 등은 고려하지 않고 원금 15만 파운드만 반환하는 등 정부는 최후까지 유족의 마음을 아프게 만들었다.

◆ 영국 산업안전보건법의 탄생

이 애버밴 참사 이후 영국 정부는 1970년 노동부 장관 주도로 조사기구를 발족하게 된다. 애버밴 참사의 책임자 위치에 있던 알프레드 로벤스를 포함해 노사 측 대표, 국회의원, 법 전문가 등

〈알프레드 로벤스 경〉

6인으로 구성된 로벤스 위원회가 구성된다.

이 위원회는 2년간의 치열한 분석 끝에 내놓은 일명 "로벤스 보고서"(일터에서의 안전과 보건 1970-1972)를 발표한다. 로벤스 보고서의 내용은 일터에서의 안전보건에 대한 분석, 진단, 개선 방향의 내용으로 구성되었다. 당시 영국은 산재사고로 한 해에 1,000명 이상이 사망하여 유럽에서도 산재 사망률이 높은 편이었다.

로벤스 보고서가 밝힌 산재사고가 반복되는 이유는 안전과 관련된 법이 너무 많고, 엄청난 분량의 법이 불러오는 착각, 법만 잘 지

키면 안전이 보장될 것이라는 믿음이었다. 그러나 너무 많고 복잡하며 시대에 뒤떨어진 법은 오히려 근로자를 위험으로 내몰았다는 것이다.

로벤스 보고서의 핵심적인 내용은 위험을 만든 사람들이 위험을 가장 잘 안다는 것이다. 그래서 위험을 만드는 사업주가 위험을 통제하는 책임을 가져야 한다. 그리고 현장에서 직접 일하는 근로자가 위험요소를 가장 잘 알기 때문에 이 사람들의 역할이 중요하다. 즉, 사업주와 근로자 중심의 현장 안전관리가 필요하다.

그리고 법만으로 재해를 감소시키는 데 한계가 있다. 자신들의 위험은 자신들이 스스로 규율하는 자율규제의 필요성을 강조하였다. 즉 자기규율 예방체계가 필요하다. 그렇게 하려면 법이 너무 상세하면 안 되고 포괄적인 규정들은 법이 결정하고 자체적으로 노사가 협의해서 자기규율을 만들어야 한다는 내용이었다.

로벤스 보고서는 유럽 국가들의 산업안전에 초석이 되었으며 향후 영국 산업안전보건체계를 구성하는 데 핵심 내용으로 자리를 잡았고 영국을 산재사망사고가 가장 낮은 나라를 만드는 데 기여를 했다. 1960년 산재사고로 연간 1천여 명이 사망하던 영국 사회는 반복되는 죽음을 끝내기로 한다. 수많은 우려 속에 영국 산업안전보건법의 기틀이 된 로벤스 보고서는 결과를 수치로 입증했다. 연간 1,000명 이상의 산재사고 사망자가 반세기 만에 100명대로 감소하였고 영국을 전 세계 산재사고 사망률 최하위 국가로 만들었다.

그리고 이 로벤스 보고서를 기초하여 1974년 영국은 산업안전보건법을 제정하였다. 그리고 산업안전정책 결정 기관인 안전보건위원회와 산업안전보건청을 출범하였다. 산업안전보건청의 안전

〈로벤스 보고서〉

감독관은 막강한 기소권과 작업중지명령의 권한을 갖고 집행하였다. 이를 계기로 사업주와 근로자는 안전에 대한 기업의 인식을 바꾸는 계기가 되었고 사고 발생 시 법인과 경영진 모두에게 책임을 물을 수 있는 토대를 마련하였다. 2022년 영국은 인구 6천9백만 명 중 산업재해 사망자가 124명이었지만 한국은 인구가 5천1백만 명인데 874명이 사망하였다. 아직도 우리는 영국처럼 산업안전 선진국에 도달하려면 갈 길이 멀다.

"안전은 나 자신과 가족을 지키는 길이다."

기업살인법, 책임을 묻는 법의 힘

영국의 기업살인법은 기업이나 조직이 심각한 안전관리 실패로 인해 사람의 사망을 초래했을 때 형사 책임을 물을 수 있도록 제정된 법률이다. 이 법이 제정되는 데 중요한 계기가 된 사건 중 하나가 "헤럴드 오브 프리 엔터프라이즈호 사건(Herald of Free Enterprise disaster)"이다. 우리도 이 법과 유사한 중대재해처벌법이 2022년 제정되었다.

◆ 배경

1987년 3월 6일 벨기에 지브뤼게에서 영국의 도버로 출항하다가 사고가 발생했다. 오후 5시 57분에 459명의 탑승객과 3대의 버스, 81대의 차량, 47대의 트럭을 싣고 출항

〈헤럴드 오브 프리 엔터프라이즈호〉

했다. 문제는 차를 다 실은 뒤에는 램프도어(선수 부분에 위치해서 뱃머리가 입처럼 열리면서 차량, 화물들을 입·출하는 도어)를 닫아야 했는데 당시 보조수부장이었던 마크 스탠리가 차량들을 입선하기 전 4시간 전에 마신 술 때문에 졸려서 자러 가느라 문을 닫지 않았다는 것이다.

사고 당시 부갑판장은 지브뤼게 항구에 도착한 후 차량 갑판을 청소하고 선실에서 잠이 들었다. 일등 항해사는 부갑판장이 오는 것을 보고 부갑판장이 자신의 임무를 할 것으로 생각하고 브릿지로 이동했다고 진술했다. 갑판에 가장 마지막까지 남아 있던 갑판장의 경우 문을 닫는 것은 자신의 임무가 아니라서 소홀히 생각했던 것이다. 배의 구조상 선장실에서는 문이 열렸는지 여부를 확인할 수 없었고, 선장이 문의 개폐 여부를 확인할 수 있는 신호기도 없었다.

〈램프도어가 열린 상태에서 운항하는 장면〉

일등 항해사였던 레슬리 사벨은 갑판에서 문이 닫힌 걸 확인해야 했으나 담당도 아니었고 "스탠리가 했겠지 뭐…"란 생각에 확인을 안 했다.

사건 이후 법정에서는 부갑판장, 일등 항해사, 선장이 각자 맡은 임무를 수행하지 못한 것을 사고의 원인으로 지목했다.

♦ 사고 원인

당시 선장은 차량갑판에 차를 입고하기에는 너무 경사가 지는 바람에 밸러스트 탱크에 물을 넣어서 배를 1m가량 낮춘 상태였다. 출항을 할 때는 밸러스트 탱크의 물을 빼고 출항했어야 하는데 이것이 사고의 1차적인 원인이었다. 2차적인 문제는 램프도어가 활짝 열려 있는 상태로 배를 출항시켰다는 것이다. 사실 1983년에 자매선이었던 프라이드 오브 엔터프라이즈호도 램프도어를 연 채로 출항한 적이 있었으나 침몰하지 않았다.

하지만 이때와는 상황이 달랐다. 밸러스트 탱크에 물을 넣어서 배가 그 당시보다 더 잠긴 상태였고 배가 이동 중에 배 바닥 부분의 유속이 빨라지고 압력이 낮아지면서 평상시보다 배가 더 깊게 잠기는 천수효과가 발생했다.

천수효과는 배가 이동할 때 배의 바닥 부분 유속이 빨라지고 압력이 낮아져 평상시보다 배가 더 깊게 잠기게 되는 것을 말한다. 이는 얕은 곳일수록 잘 발생하는데 하필이면 그날 출항한 지브뤼게 항구가 밀물과 썰물이 잦은 얕은 바다였다.

거기다가 느리게 배가 갔다면 물이 램프도어를 통해서 안 들어왔겠지만 선장이 하필 운항 스케줄이 늦는다고 서두르면서 속도를 무리하게 내는 바람에 엄청난 양의 물이 유입되고 배가 균형을 잃었다.

결국 배는 6시 24분 출항한 뒤 18노트의 속력을 내는 순간 열린 램프도어로 물이 엄청나게 들이닥치면서 30도가량 기울었다. 이 상태에서 90도가량 기울면서 아예 배가 옆으로 누워 버렸고 물이 전력 시스템을 건드리면서 정전이 발생했다.

결국 배는 해안에서 1km 떨어진 해상에 좌초되었다. 그나마 다행인 건 좌초된 곳이 수심이 깊지 않은 곳인 데다 모래바닥(뻘밭)이어서 우현이 물 밖에 나왔다. 신고를 받은 항만당국은 6시 26분 해역에 있던 벨기에 해군함이 헬기를 보내서 배 상황을 확인한 뒤 구조대를 보냈다.

그러나 하필이면 구조대가 부랴부랴 도착한 때가 밀물이 들어오는 만조 시간대였고 266명을 구조하는 데에는 성공했으나 구조 차례를 기다리던 193명은 3도에 가까운 차가운 바닷물 속에서 저체온증으로 동사하거나 익사했다.

〈옆으로 뒤집어진 해럴드 오브 프리 엔터프라이즈호〉

당시 생존자들은 살기 위해 엄청난 노력을 하였다. 어느 사내는 물에 허우적거리는 갓난아기의 기저귀를 이로 물어서 들어 올리고 헤엄쳐서 둘 다 살아남았다. 사고 이후 선박을 다시 세우는 데 1달이 걸렸고 인양하기까지 20일이 소요되었다. 이후 배는 인도로 보내진 뒤 스크랩 처리됐다. 회사 이름도 P&O 해운의 계열사인 P&O European Ferries로 바뀌었다.

◆ **기업살인법 제정의 계기가 되다**

사고 이후 선장 데이비드 루리, 일등 항해사 레슬리 사벨, 조수 마크 스탠리 등 7명이 중과실치사 혐의로 기소되었다. 운항사인 P&O European Ferries사 역시 판례법상 기업 살인 혐의로 기소되었다. 영미법 체계에서는 법인도 개인과 마찬가지로 범죄행위를 저지를 수 있다고 판단하고, 이 사건은 최초로 개인이 아닌 기업을 살인 혐의로 기소한 사건으로 큰 의의를 갖는다.

하지만 결과를 보면 선장과 일등 항해사 2명의 선원을 제외한 5명의 고위직 임원들과 기업은 무죄 판결을 받았다. 193명의 사망자가 발생했는데도 아무런 처벌도 받지 않았다는 것은 납득하기 힘든 결정이었다. 우리의 세월호 사건도 대부분은 무혐의로 기소되지 않았고 선장, 부선장 등 몇몇 사람만 모든 책임을 지고 처벌받았다. 그 이유는 판례법상 기업살인으로 인정되기 위해서는 기업과 동일시할 수 있는 "지휘하는 정신", 즉 고위급 임원이 사고를 일으킨 당사자여야 했기 때문이었다.

사고에 대한 책임이 여러 단계로 분산되는 거대기업의 경우 기업살인으로 처벌하기가 힘들다는 점이 확인되었다. 이후 비슷한 사건들이 이어지면서 기업의 과실치사를 별도의 입법을 통해 처벌해야 한다는 주장이 제기되었다. 영국은 이 사건을 계기로 새로운 법을 만들기 시작했다.

10여 년에 걸친 유족들의 운동, 사회적 논의와 법적 토론, 노동조합과 운동단체들의 활동을 통해 2007년 기업살인(과실치사)법이 제정된다. 우리나라에서도 2022년 1월 27일부터 시행한 중대재해처벌법의 모태가 되는 제도이다.

법 제정으로 기업들이 주의의무를 위반해 근로자가 사망하면 이를 범죄로 규정하고 상한이 없는 벌금을 부과할 수 있게 됐다. 또한 위반행위에 대한 시정명령을 통해 위반행위 자체와 원인을 시정하도록 하였다. 기업의 안전보건경영의 시정 등이 가능하며 위반사실에 대한 공표명령 제도를 통해 기업 등이 위반죄로 기소된 사실과 구체적인 내용, 벌금의 액수, 시정명령 내용 등을 공표하도록 했다.

기업살인법 제정만으로 산재사망자가 감소했다고 단정하긴 어렵지만, 법 제정 이후 영국의 산재 사고사망자 수는 180명(2007~2008년)에서 147명(2008~2009년)으로 감소하였다. 2022년은 사망자 수가 124명으로 지속적으로 감소하는 효과가 나타나고 있다.

영국의 기업과실치사 및 살인법의 특징을 몇 가지 살펴보면, 우선 행위 주체를 기업을 포함한 정부조직, 지방자치단체, 비영리단체, 노동조합, 사용자협의회까지 포함하고 있다. 노동조합과 사용자협회 역시 사용자로서의 지위를 가지는 한 기업과실치사죄의 주체가 될 수 있다는 점이 특이하다. 다만 최고경영자 등 운영책임자의 개인 책임을 묻는 규정은 채택하지 않았는데, 그 이유는 이미 영국의 보통법상 규정을 적용하면 된다고 판단했기 때문으로 보인다.

2022년 영국 산업안전보건청은 새로운 10년의 산업안전 전략을 제시하고 발표하였다.

"Those who creat risk take responsibility for controlling risk"
"위험을 만드는 사람들이 위험을 통제하는 책임을 지는 것이다."

즉 기업의 자율적인 안전관리는 위험성 평가 제도를 통하여 자율관리가 되도록 법과 제도를 만들겠다는 얘기이다. 우리나라도 2022년부터 중대재해감축 로드맵을 발표하고 위험성평가 중심의 자기규율 예방 체계 확립을 통하여 산업재해를 감소하겠다고 정부는 발표하였다.

♦ **각국의 위험성 평가 제도**

국가	도입 연도	내용
영국	1992년	위험성 평가 제도 도입
독일	1996년	지도·감독의 중심에서 사업장 자율 중심의 위험성 평가 실시로 개선
미국	-	위험성 평가에 대한 의무규정은 없음 - 그러나 위험성 평가를 기반으로 하는 자율안전보건관리 체계 구축 권고
호주	2000년	산업안전보건법에 도입, 5년에 한 번 이상 재평가
일본	2006년	노동안전위생법을 개정하여 위험성 평가 의무를 규정
한국	2012년	산업안전보건법을 개정하여 위험성 평가 실시 방법과 지침 제정 -사업장 위험성 평가에 관한 지침을 제정 및 운영

"기업의 안전관리는 경영자의 의지에 달려 있다."

에필로그

이제는, 우리가 바꿔야 할 때이다

책을 마무리하며 다시 한번 지난 시간들을 되돌아보게 된다. 30년이 넘는 세월 동안 저자는 산업현장의 한복판에서 살아왔다. 수많은 기업을 방문했고, 수많은 사람과 마주했다. 사고가 일어나지 않도록, 누군가 다치지 않도록 안전을 지키는 일은 단순한 직장 생활을 넘어 내 인생 그 자체였다. 때로는 삶과 죽음이 맞닿은 경계에서, 인간의 나약함과 책임의 무게를 뼈저리게 느끼기도 했다.

현장에서 일하는 사람들이 다치고, 쓰러지고, 다시는 일어나지 못한 채 가족의 곁으로 돌아가지 못하는 모습을 수없이 보아왔다. 그런 순간이 반복될 때마다 마음속에는 말로 다 설명할 수 없는 무거운 감정이 쌓여갔다. 시간이 지날수록 그 감정은 무력감이 아닌 책임감으로 변했다. 그래서 이 책을 쓰지 않을 수 없었다.

어떤 사고는 시간이 지나도 잊히지 않았고, 어떤 장면은 지금도 생생하게 기억하고 있다. 그런 기억들을 애써 외면하고 살아가는 것은 자신에게 부끄러운 일이라고 느꼈다. 그리고 그런 기억들을 기록하지 않는다면, 앞으로 산업현장에서 살아갈 이들에게 저자가 물려줄 수 있는 것이 아무것도 없다는 사실이 더욱 절망스럽게 다가왔다. 그래서 저자의 경험을, 기억을, 그리고 그때의 감정을 고스란히 이 책에 담아내고자 했다.

이 책은 결코 저자 혼자만의 이야기가 아니다. 여기에는 지금 이 순간에도 현장에서 땀 흘리며 일하는 수많은 이름 없는 근로자들의 삶이 녹아 있다. 그리고 그들을 끊임없이 위협하는 수많은 위험으로부터 반드시 지켜야 한다는 절박한 책임감이 함께 담겨 있다.

지금 우리에게 필요한 것은 단순히 새로운 규정이나 그럴듯한 표어가 아니다. 진정 필요한 것은 한 사람의 생명을 소중히 여길 줄 아는 마음, 위험 앞에서 잠시 멈출 줄 아는 용기, 그리고 현장에서 일하는 이들의 목소리에 귀 기울일 줄 아는 사회적 안전이다. 진정한 변화는 어디선가 만들어지는 거창한 시스템에서 비롯되는 것이 아니다. 오늘, 내가 있는 자리에서 "어떻게 하면 더 안전한 작업환경을 만들 수 있을까?"를 스스로 묻는 것에서부터 시작된다고 저자는 믿는다.

나는 바란다. 산업현장에서 일하는 누구나 "안전하게 퇴근하는 것"이 당연한 세상이 오기를. 그리고 이 책이, 그런 세상을 향해 나아가는 작은 불씨가 되기를 간절히 소망한다. 30년의 기억과 마음을 한 장 한 장 써 내려가며, 단지 글을 쓴 것이 아니라, 누군가에게 닿을 수 있는 작은 희망의 메시지를 전하고자 했다. 이 기록이 언젠가, 누군가에게는 단순한 글이 아니라 방향이 되고, 용기가 되기를 바란다.

그리고 믿는다. 지금이 바로 우리가 바꿔야 할 때이며, 그 변화는 바로 당신과 나, 우리 모두의 몫이라는 것을.

| 참고문헌 |

1. Zajonc, R. B.(1968년), Attitudinal effects of mere exposure. Journal of Personality and Social Psychology, 9, 1~27.
2. E. Scott Geller, The psychology of safety, 2016.
3. George Elton Mayo, The Human Problems of an Industrial Civilization, 1933.
4. Fritz Jules Roethlisberger, Management and the Worker, 1939.
5. Solomon Asch, Opinions and Social Pressure, 1955.
6. Gerald Wilde, Risk Homeostasis: A Theory of Rational Action, 1982.
7. Daniel Kahneman and Amos Tversky, Risk Taking in Decision Making, 1979.
8. PS-LTE 기반 재난안전통신망 구축 완료: 재난안전통신망 구축 추진과정(2002-2021)과 해외 현황, 정보통신정책연구원, 2021.
9. 미국 재난통신망구축추진 현황, 한국정보화진흥원, 2015.6.
10. 일단 의심하라, 그 끝에 답이 있다. 르네 데카르트, 모티브, 이근오, 2025.4.15.
11. 300:29:1 하인리히 법칙, 미래의창, 김민주, 2014.6.5.
12. 자동차 등록 현황 통계, 국토교통부, 2025.4.16.
13. 2024년 산업재해현황, 고용노동부, 2025.5.8.
14. 설리 허드슨강의 기적, 체슬리 설렌버거, 2016.9.1.
15. 2022년도 등록장애인 현황 통계, 보건복지부, 2023.4.19.
16. 학교 안전교육 7대 표준안, 시도교육청, 교육부, 학교안전공제중앙회, 2023.2.28.
17. 넛지 파이널 에디션, 리처드 H 탈러지음, 2022.6.22.

18. 이태원 참사 미규명 진실, 1조원 재난안전통신망 활용하지 못한 이유, 한국탐사저널리즘센터, 2024.9.23.
19. 2~3명당 1대, 중국 CCTV 압도적 1위, 국민일보, 2020.7.28.
20. 나 감시하니? 아니 CCTV 있어 감사해.. 1위 국가는 어디?, MoneyS, 2024.5.24
21. 인파 속 비상공간 뒀다, 美타임스스퀘어 대형사고 없는 3가지 이유, 조선일보, 2022.11.1.
22. 재난안전통신망 사업, 중앙일보, 2023.7.23.
23. 오송 지하차도, '침수 경고' 받고도 교통 통제 안 했다, MBN, 2023.7.16.
24. 美 압사 권위자 "1㎡ 7명 이상 대형사고 필연, 예방법 제정해야, 연합뉴스, 2022.11.6.
25. 경찰 압사 신고만 6건 받고도, 참사 1시간 전부턴 출동 안했다, 조선일보, 2022.11.2.
26. 일주일에 한 층씩, 빨리빨리 부실공사에 모두의 안전은 없다, 노동과안전, 2022.1.25.
27. 배달노동자 한 해 400명 사망하는데 정부 산재 통계엔 18명뿐, 서울경제, 2022.03.23.
28. 토영삼굴, 만전지책, 거안사위, 고사성어 따라잡기, 네이버 지식백과, 2002.5.15.
29. 지하철 에스컬레이터, 안전 수칙 미준수 대부분, 피해 배상 불가, 아이뉴스24, 2023.7.10.
30. 에스컬레이터 안전수칙 꼭 지켜 주세요, 뉴시스, 2023.7.16.
31. 중국산 의존도 높은 에스컬레이터 안전부품, 승강기 복구 지연 초래, 프레시안, 2023.7.17.
32. 넘어지고 깔려 끔찍했어요, 부상자가 전한 에스컬레이터 사고, 연합뉴스, 2023.6.8.

33. 한줄 걸으면 더 밀려, 영국도 에스컬레이터 두줄서기로, 스포츠경향, 2016.6.15.
34. 에스컬레이터 한줄 서기의 역설, EL-Safe 뉴스레터, 2018.8.2
35. 영국의 기업과실치사 및 기업살인법, 노동과 희망, 2020.6.17.
36. '기업살인법' 제정 배경 1987년 엔터프라이즈호 침몰 사건, 레디앙, 2014.8.23.
37. 애버벤 참사, 나무위키, 2024.5.19.
38. 보행 중 폰 사용 69%, 사고 부른다, 동아일보, 2022.7.5.
39. 시속 95㎞ 버스 기사, 휴대폰 보다 승합차 '쾅', 동창생 4명 사망, 조선일보, 2023.12.14.
40. 뉴욕 타임스스퀘어, 하루 100만명 넘게 몰려도 대형사고 없는 이유, 조선비즈, 2022.11.1.
41. 산업현장 안전 분야의 '호손효과', 울산제일일보, 2023.4.12.
42. 안전의식혁명 1부:국가경쟁력은 국민과의 신뢰에서 생긴다, 세이프티퍼스트 닷뉴스, 2020.8.27.
43. 하루에 100명씩 산재 장애인이 발생한다, 매일노동뉴스, 2022.9.19.
44. 빨리빨리 문화 뒤집어보면 경쟁력이다, 경향신문, 2006.1.13.
45. 리스크 테이킹 [risk taking], 산업안전대사전,2 004.5.10.
46. 1.5조 투입 재난안전통신망 무용지물이었던 이유, 주간경향, 2022.11.21.
47. 자율주행 시대의 명암, 그리고 위험 항상성 이론, 글로벌 오토뉴스, 2018.3.22.
48. 다중밀집상황에서의 사고와 대응, 오산대학교 소방안전관리과, 김종훈

닥치고 안전!
위험은 늘 우리 곁에 있다

초판 1쇄 2025년 7월 25일

지은이 신현주
발행인 김재홍
교정/교열 김혜린
디자인 박효은
마케팅 이연실

발행처 도서출판지식공감
등록번호 제2019-000164호
주소 서울특별시 영등포구 경인로82길 3-4 센터플러스 1117호(문래동1가)
전화 02-3141-2700
팩스 02-322-3089
홈페이지 www.bookdaum.com
이메일 jisikwon@naver.com

가격 17,000원
ISBN 979-11-5622-946-9 03330

ⓒ 신현주 2025, Printed in South Korea.

- 이 책은 저작권법에 따라 보호받는 저작물이므로 무단전재와 무단복제를 금지하며, 이 책 내용의 전부 또는 일부를 이용하려면 반드시 저작권자와 도서출판지식공감의 서면 동의를 받아야 합니다.
- 파본이나 잘못된 책은 구입처에서 교환해 드립니다.